대학원생 때
알았더라면
좋았을 것들 2

김세정 윤은정 유두희 지음

대학원생 때 알았더라면 좋았을 것들 2

클라우드나인
CLOUD 9

대학원 선배들이 아끼는 후배들에게
꼭 해주고 싶은 이야기

　나는 조언을 구하는 후배들을 만나면 꼭 여러 명에게 물어보고 선택하라고 말하곤 한다. 어디에서 누구로부터 자기에게 꼭 필요한 조언을 듣게 될지 모르기 때문이다. 나의 경우 최근 가장 도움이 되었던 말은 "교수처럼 생각하고 행동하는 사람이 교수가 된다"*였다. 임용준비를 하던 시절 계속 되새겼던 말이다. 그룹의 구성원에서 그룹의 리더로 마인드셋을 바꿔야 한다는 생각을 했다. 이러한 마인드셋의 변화는 중요했다. 특히 나는 겸손이 미덕이라 여기는 한국 사회에서 자랐다 보니 스스로 '교수가 될 것이다.'라고 생각하는 것만으로도 마치 자만하는 것같이 느껴졌다. 하지만 준비가 된 사람과 안 된 사람의 차이는 결국 심사위원들에게 보이게 마련이다. 일찍부터 교수처럼

---

*『대학원생 때 알았더라면 좋았을 것들』의 권창현 교수편 중에서

생각하고 준비한다면 목표를 달성하기가 더 쉬울 것이다. 나도 결과적으로는 임용이 되었으니 좋은 조언의 힘을 본 셈이라 할 수 있다.

따라서 더 많은 사람의 경험과 조언을 들을 수 있는 기회는 소중하다. 특히 대학원은 상대적으로 정보가 많지 않다. 보통 대학교를 선택할 때는 자신의 점수로 가능한 가장 랭킹이 높은 곳을 지원한다. 물론 그것도 쉬운 것만은 아니지만 대학원 선택은 더 따져볼 게 많다. 대학원은 국내와 해외까지 넓게 선택지가 있고 연구분야, 장래성, 연구실 분위기 등을 두루두루 따져봐야 한다. 무조건 학교 간판만 보고 대학원에 들어가는 것만큼 무모한 게 없다. 연구실을 잘 선택하기 위해서는 박사과정이란 어떤 것인지와 대학원 생활을 좌지우지하는 것들은 무엇이 있는지 아는 것이 도움이 된다. 이러한 필요성을 잘 만족시켜준 것이 전작 『대학원생 때 알았더라면 좋았을 것들』이라고 생각한다. 그 책이 나오기 전부터 최윤섭 박사가 공유해준 슬라이드 내용이 대학원생들 사이에서 크게 화제가 되었다. 당시 주위에는 안 본 사람이 없을 정도였다. 친한 선배들이 아끼는 후배한테 들려줄 만한 이야기였고 대학원생들에게 뼈와 살이 되는 이야기였다.

이 책을 처음 구상하기 시작한 것은 비슷한 이유에서였다. 나는 한국의 한 대학교에서 수년간 해외 대학원을 소개하는 행사에 참여했다. 그때 좀 더 많은 사람에게 이런 이야기를 전하면 좋겠다고 생각했다. 다행히도 이전부터 연락이 닿아 있던 공저자 중 한 분이었던 엄태웅 대표와의 인연으로 후속편에 대한 의견을 공유했고 이어서 출판사 대표와도 의견을 함께했다. 그 후 나머지 두 분의 저자를 찾았다. 나는 이 책에 다양한 배경의 이야기가 실렸으면 해서 여러 노력을 했다. 주위에 글을 쓰는 과학자들을 많이 알고 있었으나 이번에는 아직 출판 경험이 없는 사람들의 이야기가 담기면 오히려 도움이 될 것 같아서 한 달간 수소문을 했다. 그 결과 아래와 같이 다양하면서도 독특한 이야기를 들려줄 팀이 완성되었다.

1장에서 나(김세정 교수)는 국내 토종 박사 후 해외 명문대에 임용이 된 이야기를 들려준다. 대부분 국내 박사 출신들은 해외 포닥 이후 국내로 돌아오는 경우가 많기 때문에 드문 경험담일 것이다. 차상위계층으로 국가의 여러 지원을 받던 가난한 학생에서 지금에 이르기까지의 고군분투도 담겨 있다. 카이스트 물리학과를 졸업한 후 멜버른대학교 전자과에 임용되었다.

2장에서 윤은정 교수는 『대학원생 때 알았더라면 좋았을 것들』시리즈에서 처음으로 비이공계 쪽 이야기를 들려준다. 그녀는 마케팅 박사과정을 미국에서 밟고 현재 메리워싱턴대학교 조교수로 재임 중이다. '교수언니'라는 유투브 채널을 통해 대중들과 가깝게 소통하고 있다. 실패에 대한 이야기를 솔직하게 들려줌으로써 독자들에게 용기를 준다.

3장에서 유두희 박사는 UC버클리에서 보건역학 박사학위를 마쳤고 유엔UN과 세계보건기구WHO에서 통계학자로 일하다가 현재는 데이터 사이언티스트로 실리콘밸리에서 일하고 있는 이야기를 들려준다. 학계, 공공부문, 산업계를 잘 알고 있고 여러 문화권(우리나라를 비롯 일본, 스위스, 미국) 경험을 바탕으로 통찰력 있는 이야기를 공유했다. 무엇보다 박사 후 학계에 남을 것인지 학계 밖으로 뛰어들 것인지를 고민하는 독자들이 공감할 이야기가 많다.

책을 집필하면서 몇 번의 줌미팅을 했다. 필자들이 전공 분야와 경험은 달라도 공감하는 이야기가 많다는 것을 알게 되었다. 몇몇 일화는 비슷한 내용을 담고 있다. 이는 그만큼 개인의 이야기가 어느 정도 보편성을 지니는, 누구나 겪을 수 있는 경험이라는 것을 보여주기도 한다. 이번 책에서는 슬럼프와 우울증 같은 정신건강에 관해서도 이야기했고 또 학계의 투 바디 프라블럼Two body problem과 같은 실질적 문제들에 관해서도 논의했다. 모쪼록 독자들에게 위로와 격려 그리고 좋은 나침반 역할을 할 수 있길 바란다.

2022년 5월
저자들을 대표하여
김세정

차례

2장 | 미국 유학 9년 만에 경영학과 교수가 된 이야기 **113**
• 윤은정 교수편 •

1장

국내 토종 박사 후 해외 명문대 교수가 된 이야기

· 김세정 교수편 ·

급식비 지원받던 학생에서
해외 명문대 교수가 되기까지

나는 국내에서 학사부터 박사까지 물리학을 전공했다. 서른셋에 박사 후 연구원으로 호주에 왔다. 그때까지 해외 거주 경험이 없었기에 지난 4년간 연구와 영어라는 두 마리 토끼를 모두 잡기 위해 매일매일 사투를 벌였다. 현재는 운이 좋게도 세계 순위 30위권의 명문대학교인 멜버른대학교 조교수이다.

대학원에 다닐 때는 직접 두 발로 뛰어다니며 많은 것을 알아내야 했다. 자대생 출신이 대부분인 연구실에서 타대생이자 유일한 여자로서 보낸 5년 반 동안 어디에도 제대로 속하지 못하고 맴돌았다. 커리어에서 중요한 시기에 많은 걸 놓치고 있는 것 같았다. 그러다 보니 적극적으로 여러 가지 정보들을 찾아다녔고 『대학원 때 알았더라면 좋았을 것들』을 접하게 된 것은 큰 행운이었다. 대학원생들에게 꼭 필요한 유익한 정보들뿐만 아니라 대학원 생활을 겪어본 사람들만 공감할 수 있는 이야기들에서 위로를 받았다.

그러던 어느 날 아침 문득 그들의 이야기가 내게 힘이 된 것처럼 내가 걸어온 길도 누군가에게는 공감과 위로가 되지 않을까 하는 생각이 들었다. 그래서 『대학원생 때 알았더라면 좋았을 것들 2』를 제안했고 글을 쓴 것은 아마도 2020년과 2021년에 한 일 중에 가장 과감하고 잘한 일인 것 같다.

이 책에서 내 개인적인 이야기들을 많이 공유했다. 내 성장 과정을 통해 비슷한 환경에 있는 사람들에게도 힘을 주고 싶었다. 나는 학창 시절 내내 급식 지원을 받는 차상위 계층 가정이었다. 가난과 한부모 가정이라는 환경적으로 불리한 점들이 있었지만 독하다는 소리를 들으면서 공부했고 반에서 1~2등을 했다. 6학년 때 공짜로 다닌 영어 회화 학원을 제외하고는 학창 시절에 학원을 다니지 못했다.

공부를 잘하면 선생님들이 기특해할 것 같지만 가난한 학생들에게는 꼭 그렇지만은 않았다(지금은 어떤지 잘 모르지만 당시에는 학급 임원이 소풍이나 운동회 때 반 전체에 피자나 햄버거 등 간식을 사야 했다). 이유야 다양하겠지만 나를 탐탁지 않아 했고 오히려 차별하는 선생님들도 있었다. 물론 가끔 필요한 문제집은 없는지 물어봐주기도 한 고마운 분들도 있었다. 스무 살이 넘어서도 공부하는 내내 경제적 압박으로 고민해야 했다. 특히 박사과정 동안에는 미래에 대한 불안감까지 더해졌다. 나는 10대와 20대에 순탄한 꽃길을 걷지 못했다. 그런 내 이야기가 어려운 상황에서 공부하는 누군가에게 조금이나마 희망이 되기를 바란다.

어느 국가든 대학원생과 박사 후 연구원들의 정신건강에 대한 논의가 많다. 박사과정의 특수한 상황 때문에 정신건강을 해칠 만한 요소들이 잔뜩 있다. 오늘도 그런 상황에서 열심히 버티는 독자분들에게 일단 파이팅을 전한다. 그동안 내가 경험한 것들이 독자분들에게 도움이 꼭 됐으면 좋겠다.

1

실패와 열등감을
어떻게 다스릴 것인가

첫 에피소드로 실패 이야기를 하려 한다. 실패와 열등감은 연구자로서 끊임없이 마주하게 되기 때문이다. 이 글을 쓰고 있는 주에도 또 하나의 거절reject 이메일을 받았다. 거절 이메일을 받고도 마음이 아무렇지도 않다면 그게 오히려 정상이 아닐 것이다. 우리가 할 수 있는 것은 거절에 익숙해지는 것이다. 그리고 무엇보다 결과를 너무 감정적으로 받아들이지 않는 연습을 하는 것이다. 지나고 보니 열등감이 나를 더 나은 사람이 되도록 동력을 제공했기에 꼭 나쁜 것만도 아니란 생각이 든다.

나를 죽이지 못하는 것들은 나를 더 강하게 만든다

고등학교 때의 나는 내신은 잘 나오지만 모의고사는 잘 안 나오는 학생이었다. 내신은 시간을 투자하는 대로 잘 나왔다. 하지만 모의고사는 시간과 비례해서 점수가 올라가지 않았다. 운이 좋게도 고등학교 3학년 수시전형에서 내가 다니던 고등학교에서 유일하게 SKY 서류 전형을 모두 통과하게 됐다. 하지만 슬픈 결말부터 말하자면 세 대학교 모두 조건부 합격을 했으나 그해 수능을 망쳤다.

수능을 망친 이유는 무엇이었는가? 사실 나는 육군사관학교를 준비하던 학생이었다. 육군사관학교는 1차 필기시험만 합격하면 거의 다 합격한 거라고 할 만큼 필기시험의 경쟁률이 치열했다. 그래서 필기시험에 합격한 후 나는 거의 합격했다고 생각했고 고3 수험 기간 동안 사관학교 신체검사와 체력검사를 열심히 준비하고 있었다. 하지만 결과적으로는 신체검사 단계에서 평발 때문에 탈락했고 그 후 한 달 뒤 치른 수능시험을 고스란히 망쳤다. 원래대로만 모의고사를 봤어도 조건부 합격의 제시 조건을 만족했을 텐데 그러지 못했다. 거의 다 붙었다고 생각한 육군사관학교와 SKY에 모두 떨어졌다. 고3 끝 무렵의 겨울은 그렇게 뼈아픈 실패를 맛보았다. 주목받던 수험생에서 재수생이라는 꼬리표가 붙었다.

재수는 또 쉬웠던가. 재수 기간마저 학원을 안 다니면서 혼자 공부를 할 자신이 없었다. 수원에 있는 재수 종합반을 다니기 시작했고 학원비는 집에서 빚을 냈다. 조금이라도 아껴보겠다고 반에서 반장을 자진해서 매달 몇만 원을 아꼈다. 1년을 더 공부하고 나서 본 수능은 성적이 기대했던 것만큼 크게 좋지는 않았다. 그 후로 한 몇 년간을 열등감에 사로잡혀 있었다. 나는 내가 서울대학교에 가서 『공부가 가장 쉬웠어요』의 저자 장승수처럼 성공담을 책으로 쓰게 될 줄 알았다. 그런데 그 꿈은 멀어진 것 같았다.

대학 생활 동안에도 여전히 경제적으로 풍족하지 않았다. 특히 당시에 스타벅스 등 커피값이 밥값과 비슷한 카페가 신촌에 많이 들어서기 시작할 때였다(내가 학교를 다닐 때는 스타벅스가 한국에 들어온 지 몇 년이 지나지 않았던 때다). 조 모임이나 친구들과의 만남을 커피숍에서 할 때가 있었는데 그때마다 비용이 부담됐다. 여하튼 4년간의 서울에서의 대학 생활 동안 경제적으로 풍족하고 사랑을 듬뿍 받고 자란 친구들이 많이 보였다. 실상이야 달랐을지 모르지만 이미 자존감이 낮아진 나에게는 적어도 다들 행복하고 풍족해 보였다. 내 자존감은 점점 더 낮아졌고 잘난 친구들을 옆에서 보는 것은 부러움을 넘어서서 고통이었다.

"나를 죽이지 못하는 것들은 나를 더 강하게 만든다Was mich nicht umbringt, macht mich stärker."

니체가 『우상의 황혼』에서 한 말이다. 내가 힘들 때마다 되새기는 말 중 하나이다. 열등감에 대해서는 지금은 아무렇지 않게 말하지만 대학교 당시에는 고통스럽다고 느낄 정도였다. 나는 스스로를 부족하다고 생각했다. 내가 가진 것보다 가지지 못한 것들이 자꾸 보여서 괴로웠다. 마음을 회복하는 데는 꽤 시간이 걸렸지만 나 자신을 더 잘 알게 되어서 소중한 시간이기도 하다. 한때 힘들었던 시간은 나를 조금 더 대담하고 강하게 만들어주었다. 또한 시간이 지나면서 점점 나를 남과 비교하지 않고 있는 그대로 받아들이고 응원할 수 있게 되었다. 지금은 기억이 잘 안 날 정도로 그때만큼의 강렬하고 부정적인 감정을 동반한 열등감을 느껴본 지 오래다. 오히려 가끔 열등감과 같은 자극을 주는 사람이 생기면 고맙다고 생각한다. 열등감은 잘만 활용하면 자신을 더 발전시키는 계기가 될 수도 있기 때문이다.

연구자에게 연구 실패와 논문 거절은 일상이다

과학자 또는 연구자의 삶은 실패가 대부분인 나날을 하루하루 이어나가는 것이다. 일단 실험실에서의 일상은 실험이 잘 안 되는 날들이 태반이다. 매일매일 실험이 너무 잘되어서 신나는 대학원생은 아마 거의 없을 것이다. 거기에다가 논문 승인 거절과 제안서 거절 등 거절의 향연은 끝이 없다. 하나하나 다 마음 아파하기에는 거절 빈도가 매우 높음에 유의하자. 그래서 실패와 열등감을 관리하기 위해 도움이 되었던 팁들을 정리해보았다. 자신의 상황에 맞으면 적용해보아도 좋다.

• 거절 또는 불합격 통보 이메일을 많이 받고 있다면 적어도 그만

큼 노력하고 있다는 증거이다. 아무것도 하지 않았다면 거절 이
메일도 받지 않았을 것이다. 여러 번의 거절이 쌓이면 반드시 성
과로 돌아올 것이다.

- 실험실에 종일 있었지만 아무 결과도 얻지 못한 날들이 있을 것이
다. 이런 날들이 있어야만 성과가 나오는 날이 있을 것이라는
확신을 하자. 실험은 '실패-실패의 원인 파악-다른 방법으로 접
근'의 과정을 반복해야만 원하는 결과에 다다를 수 있다. 실험이
잘 안 된 날은 '실험에 실패한 날'이 아니라 '성공에 한 발짝 더 가
까워진 날'이다. 또한 실패의 경험은 모두 실험 노하우로 차곡차
곡 쌓인다.

- 국내·국제 수상 실적은 이력서를 한층 더 돋보이게 해준다. 기회
가 되는 만큼 지원해보는 것이 좋다. 운이 좋으면 상을 탈 수도
있지만 대부분은 떨어진다. 이때 떨어져도 스스로가 부족하다고
생각하지 말자. 수상자 선정도 사람이 하는 것인 만큼 주관적 의
견이 들어갈 수밖에 없다. 또한 시간 낭비라고 생각할 필요도 없
다. 보통 수상 지원서는 한번 잘 써두면 여러 번 사용할 수도 있
고, 쓰는 과정에서 자신의 커리어를 되돌아보는 계기도 된다. 이
과정에서 더 성장해야 할 부분이 눈에 보이기도 한다. '어차피 안
될 거야.' 하고 시도도 안 한다면 당신이 수상할 일은 절대 없다.

- 대학원 과정에서 주위 사람들이 더 앞서 나가는 듯이 보이는 때
가 있다. 특히 석사와 박사 초반 때는 같은 연차인 동기들의 논문
이 나오기 시작하면서 마음이 조급해진다. 하지만 연구는 단거리

달리기가 아니다. 굳이 비유하면 중거리 장애물 넘기에 가까울 것이다. 어느 정도 긴 호흡으로 꾸준히 달려가야 하고 누구에게나 한 번씩은 넘기 버거운 장애물이 있다. 그러니 자신이 조금 뒤처지는 것 같다고 생각된다면 장애물을 조금 더 일찍 만났을 뿐임을 기억하자.

대학원 과정에서 실패를 대하는 '태도'는 생각보다 큰 영향을 미친다. 실패를 잘 받아들이지 못해 필요 이상으로 스트레스를 많이 받는 사람들을 종종 보았다. 하지만 우리는 쌓여가는 실패만큼 정신적으로 더 단단하게 무장해 나가는 것이다. 특히 정신적으로 너무 괴로운 상황이라면 그 시간이 지나고 나면 반드시 더 성장해 있을 것임을 잊지 말자!

2
대학 때 진로를
마음껏 방황해보자

나는 학부 전공을 물리학으로 선택했다. 연구자에 대한 꿈이 나름 확고했던 나도(육군사관학교에 가서도 물리를 공부하려 했다) 대학 시절에는 희망 직업이 왔다 갔다 했다. 특히 내가 대학교에 다니던 시절(2005~2008년)에는 변리사가 굉장히 인기가 있었다. 같이 물리학과를 다니던 친구들 중 꽤 많이 변리사 시험공부를 하기 시작했다. 그 분위기에 휩쓸려 나도 수험 교재를 구입했는데 나중에 결국 새책 그대로 중고로 되팔았다. 3~4학년 무렵에는 의학전문대학원이 새로 생기면서 준비하는 친구들이 많이 늘었다. 의대를 나오지 않아도 의사가 될 수 있다니. 이때 마음이 많이 흔들렸다.

하지만 당시 나는 개인 과외 3개를 뛰면서 생활비를 마련하고 있었기 때문에 학원비를 마련하면서 의학전문대학원 공부를 하기가 쉽지 않아 보였다. 딱 1년만 누가 나를 공부만 하라고 돈을 주면 좋겠는데 뭐 어쩌겠나. 자연스레 의전 공부를 하는 것은 선택지에서 사라졌다. 4학년 때는 국가정보원을 가기 위한 준비도 했다. 당시에 꽤 열성적으로 준비했다. 국가정보원을 퇴직한 후 서강대학교에서 강의를 여신 이영무 교수님의 수업을 한 학기 동안 들었다(교수님께서 카이스트에 가서 박사학위를 받고 끝까지 한 우물을 파보라고 지지를 많이 해주셨다). 결국은 카이스트를 갔고 지금도 연구를 직업으로 하게 됐다.

갈림길에서 고민하는 과정을 반드시 거쳐야 한다

여러분도 만약 지금 여러 갈림길에서 고민하고 있다면 그 과정이 반드시 필요한 과정이라고 말해주고 싶다. 특히 대학 시절은 그러라고 있는 것이기도 하다. 자신의 전공과는 관련 없는 다양한 과목도 수강해볼 수 있고 세상 경험도 하면서 충분히 방황하고 고민해볼 수 있다. 그런 다음에 결정하면 그나마 후회도 적을 것이다. 동아리 활동도 하고 교외 활동도 해보고 다양한 사람들도 만나보자. 부전공도 적극적으로 활용하는 것을 추천한다.

내가 서강대학교에 재학하던 당시 바이오 연계전공이라는 새로운 전공 과정이 생겨서 신청하게 됐다. 이 전공을 이수하기 위해서는 필수로 들어야 하는 과목에 생명과학, 전자과, 여러 나노 관련 과목들이 포함돼 있었다. 덕분에 물리학과 과목 이외에도 다양한 과목을 수강하게 되었다. 이를 통해 내 적성에 잘 맞는 과목을 파악하게 되었다.

나는 학창 시절부터 천체물리와 지구과학을 좋아했다. 대학생일 때는 막연히 내가 이론 물리를 하게 될 것으로 생각했다. 하지만 연계전공 과정 이후에는 여러 기계를 직접 다루는 실험 물리를 하고 싶다는 생각을 하게 됐다. 복잡해 보이는 장비들을 직접 다루고 머릿속으로는 물리 문제를 생각하는 나 자신이 멋지다고 생각됐고 이것이 직업이 됐으면 좋겠다는 생각이 확고해지기 시작했다.

어느 길을 선택해도 행복한 삶을 만들 수 있다

어떠한 선택을 할 때 그것이 운명적으로 느껴질 필요는 없다. 우리가 선택을 주저하는 이유 중 하나는 맞는 것인지 틀린 것인지 고민이 될 때이다. 하지만 선택은 '맞고 틀림'이 아니다. 그저 '내가 선택한 길'과 '내가 선택하지 않은 길'일 뿐이다(내가 과학자가 되지 않았더라도 또 다른 직업에서 재미와 의미를 찾았을 것이다). 어떤 선택을 하기 전 최대한 정보를 많이 얻고 그다음에는 빠르게 선택을 내리자. 선택을 내린 다음에는 거기서 또 최선을 다하면 된다. 가끔 선택 장애가 올 때는 다 거기서 거기라고 생각해도 좋다.

우리는 많은 선택의 순간에서 고민한다. 대학원을 국내로 갈지 국외로 갈지, 어떤 교수님을 지도교수로 선택할지, 전공을 바꿀지 말지, 포닥을 할지 말지, 학계로 갈지 기업으로 갈지 등 선택의 순간은 자주 찾아온다. 그때마다 정보를 최대한 얻고 각자 가지고 있는 특수한 변수들을 고려해서 결정을 내리자. 조금 옛날 방식으로 느껴질지 모르지만 나는 손으로 써보는 것을 추천한다. 선택의 갈림길에 있다면 몇 가지 옵션에 대해서 빈 종이에 각각의 길에 대한 장단점을 써보면 더 명료하게 보일 것이다. 가끔은 두 개의 선택지 중 하나를 선택하기가 너무 어려워서 계속해서 고민만 할 때도 있다. 중요한 것은 어느 길을 선택해도 행복한 삶을 만들어나갈 수 있다는 확신이다.

3

어떻게 성적을 최상위권으로
올릴 것인가

유튜브에 '학점을 잘 받는 방법'으로 검색하면 엄청나게 많은 영상
이 뜬다. 거기에 더해서 내가 공유할 수 있는 이야기는, 알바를 하면
서도 '그래도' 학점 잘 받기이다. 그에 앞서 내가 각성하게 된 이야기
를 조금 해볼까 한다.

나는 대학교 1, 2학년 때는 적당한 학점(3.3 정도)에 스스로 만족하
고 있었다. 고등학교 때까지 수원에서만 지내다가 (수시면접 등 손꼽
을 만한 일들을 제외하고는) 처음으로 서울을 제대로 구경하게 된 것이
라서 TV에서나 보던 이곳저곳을 찾아다니기에 바빴다. 대학교 1학년
때 수업은 일반 물리나 일반 화학 등 입문 과목이다 보니 고등학교 때
공부하던 것에서 아주 어렵다는 생각이 들지는 않았다. 2학년 때까지
는 공부를 안 한 것은 아니지만 최선을 다한 것도 아니었다. 다행히도
2학년 말에 내 시각을 바꾼 계기가 있었다.

1학년 자유전공 수업은 모든 과학 과목의 기초를 다시 되짚었기 때문에 진도를 따라가는 것이 어렵다고 생각하지 않았다. 시험을 못 봐도 공부를 덜 해서 그렇다고 생각하면 될 정도였다. 하지만 2학년 전공수업부터는 웬만큼 공부해도 진도를 따라가는 것이 어렵고 벅차다고 느껴졌다. 당시에 학과에는 모든 과목을 거의 A+ 받는 학우가 있었다. 학점이 짜기로 악명 높았던 서강대학교에서 그 친구는 자연대학부에서 유일하게 4점대를 돌파하고는 했다. 주위에서 그 친구를 보고 천재라고 했다. 나 역시 '저 친구는 천재라서 그렇구나.' 하고 받아들이게 되었다. 몇 번 대화도 나누어 보았는데(내가 이미 고정관념을 가지고 있어서인지) 정말 천재와 대화하는 기분이 들었다.

　2학년 말 전자기학 중간고사 시험을 마치고 나오는 길에 그 친구와 잠시 답을 간단히 맞춰보게 되었다. 나는 어떤 식을 적용했어야 했는지 전혀 감이 안 오는 문제였다. 그 친구는 나에게 이렇게 말했다. "그거 교재 ○○페이지에 나와 있어." 나는 설마 하며 교재를 펼쳐보았는데 정말로 딱 그 페이지에 해당 식이 나와 있었다. 이때 머리를 한번 맞은 것 같았다. 나는 그때까지만 해도 소위 '천재'라는 사람들은 머릿속에서 수많은 방정식을 저절로 이해하고 있다고 생각했다. 하지만 실제로 천재라 불리던 그 친구는 나보다 교재를 훨씬 열심히 익히고 있었던 것이다. 그동안 나는 그에게 '천재'라는 프레임을 씌움으로써 노력하지 않은 나 자신을 정당화해 왔던 것이다. '나는 노력도 안 해보고 그냥 안 된다고 생각하고 있었구나.' 하는 생각이 들었다. 과 수석이나 단과대 수석을 목표로 삼아본 적도 없었다는 것을 깨달았다.

2학년이 끝나갈 무렵 새로운 목표를 잡았다. 3학년 1학기는 내가 이루지 못할 것만 같은 높은 목표를 잡아보고 이루기 위해 할 수 있는 최대한의 노력을 해보기로 했다. 모든 과목 A⁺ 받기. 특히 물리학 전공과목 수업은 아예 '1등 하기'를 목표로 삼았다.

그 이후 수업을 듣는 태도가 완전히 달라졌다. 1~2학년 때는 점심시간 바로 직후 수업은 거의 졸면서 보냈다. 수업 내내 졸다가 끝나는 경우도 많았는데 시간을 허비한 것 같아서 기분이 찝찝했다. 하지만 딱히 고칠 생각도 하지 않았다. 하지만 3학년 때부터는 수업 시간에 졸지 않았다. 일단 모든 수업에 앞서 짧게라도 예습을 하고 들어갔다. 복습도 했다. 물리학 수업에서 나오는 과제는 솔루션을 보지 않고 스스로 풀어보았다. 그러면서 귀찮게만 느껴지던 연습문제 푸는 게 재미있게 느껴지기 시작했다. 결과적으로 3~4학년 때는 거의 모든 수업을 A⁺와 A를 받아 수석 졸업의 영광까지 얻게 되었다. 그때 했던 노력을 상세히 이야기해보려고 한다.

공부할 수 있는 절대적인 시간을 확보하자

앞서 잠시 언급했듯이 나는 대학을 다니는 동안 세 명의 중고등학생 개인 과외를 했다. 한 학생당 일주일에 2번, 2시간씩 총 4시간을 가르쳤는데 버스 이동 시간 왕복 2시간을 보태면 한 학생당 6시간 정도 들었다. 세 명의 중고등학생을 가르쳤으니 일주일에 18시간이 소요됐다. 되도록 주말로 몰아서 했기 때문에 토요일과 일요일은 쉴 틈이 없었다. 그 외에도 틈틈이 다른 아르바이트도 했다. 학원이나 문제집 출판사 등 되도록 공부와 관련되면서 시급이 높은 아르바이트를 했다.

하지만 적어도 평일만큼은 집중해서 공부할 수 있는 시간을 최대한 확보해야 했다. 절대적인 공부 시간이 남들보다 적으면서 더 나은 성과를 내기를 바라는 것은 욕심이라고 생각했다. 따라서 과외로 뺏긴 시간만큼 다른 방법으로 자투리 시간들을 모아야 했다.

절대적인 공부 시간을 늘리는 몇 가지 방법이 있었다. 먼저 친구들과 함께 먹던 점심을 혼자서 먹었다. 그 이전에는 같이 점심을 먹던 친구 중 하나가 학교 식당을 별로 좋아하지 않아서 밖으로 나가서 먹는 경우가 잦았다. 그렇게 되면 이동시간도 길고 밥을 기다리는 시간도 길었다. 무엇보다 나는 잠이 많은 편이라 밥을 먹고 나면 항상 졸렸다. 그래서 3학년 때부터는 밥을 혼자서 먹었고 학교 식당에서 점심을 10분 이내에 해결할 수 있었다(지금은 혼밥이 흔하지만 당시에는 정말 드물었다. 혼자 밥 먹는 사람은 복학생 아니면 대학원생이라는 인식이 있을 정도였다).

어쨌든 점심을 혼자 먹기 시작하니 밥을 먹으면서 공부를 할 수 있었고 돈도 아낄 수 있었다. 학교 식당만큼 싸면서 영양을 골고루 챙길 수 있는 곳이 또 있을까. 밥을 먹고 남는 50분은 다음 수업 준비를 하거나 숙제를 하거나 낮잠을 잤다. 덕분에 점심 이후 수업도 졸리지 않았다. 저녁 또한 더 이상 동아리 사람들과 먹지 않았다. 더 이상 술 먹는 모임들도 가지 않았다. 사람들을 만나고 어울리는 걸 좋아했던 나였지만 공부 시간을 확보하기 위해서 내가 어쩔 수 없이 포기해야만 하는 것들이었다.

수원과 서울을 오가는 통학 시간이 긴 편이어서 이 시간에는 무조건 앉아서 가는 것이 중요했다. 앉아서 이동하면 수업 내용을 복습하거나 부족한 수면 시간을 채울 수 있었다. 출퇴근 시간을 피해 아침에는 일찍 가고 저녁에는 늦게 오는 방법으로 지옥철을 피했다.

자신만의 공부법을 계속 찾아보자

절대적인 시간을 늘렸다면 이제는 주어진 시간을 최대한 잘 활용하는 것이 중요하다. 사람마다 자기에게 맞는 공부 방법이 다 다르다. 중요한 것은 '자신의 방법'을 찾는 것이다. 나에게 잘 맞았던 방법은 손으로 쓰며 정리하기였다. 대학교 수업은 중고등학교 때와 달라서 공부하기 좋게 잘 정리된 것이 없다. 대학교 교재는 내용이 너무 방대하고 반면 강의 자료는 너무 짧게 요약되어 있다. 가장 효과적인 것은 수업을 들으면서 바로바로 노트를 정리하는 것이다. 아직도 나는 웬만한 것은 다 손으로 적어두는 편이다. 특히 시간관리법이나 공부법은 개인 성향에 따라 잘 맞는 방법이 다를 수 있으니 계속 배워간다고 생각하고 여러 시도를 해보면서 자신에게 잘 맞는 방법을 꾸준히 찾아야 한다. 공부법과 관련된 책들을 틈틈이 읽어가면서 여러 노하우들을 알아보고 실행해보는 것도 좋다.

공부와 긍정적인 느낌을 꾸준히 연결하자

30대 중반이 넘어가는 지금 나는 여전히 공부할 때의 그 '느낌'을 좋아한다. 공부할 때 내용이 재미있고 없고도 중요하겠지만 그 느낌도 중요하다고 생각한다. 예를 들면 도서관은 탁 트인 시야, 널찍한 책상, 약간의 백색 소음, 그리고 높은 천장 등이 주는 묘한 안정감이 있다. 특히 학부 시절 다니던 대학교 도서관은 아침 일찍 가면 나무로 된 서재들이 온도 차이 때문에 삐걱거리는 소리가 들렸다. 도서관이 아니면 어디에서 그런 소리를 들어볼까. 커피숍에서 하는 공부나 좋아하는 문구류로 하는 공부 등도 마찬가지이다. 공부와 자기가 좋아하는 것, 기분 좋은 것들을 많이 연결해두자.

4

대학원은 국내와 해외 중 어디에서 할 것인가

예전에는 해외에서 박사학위를 받으면 취직이나 임용 시 유리한 부분이 있었다. 하지만 이제는 세상이 많이 달라졌다. 해외에서 박사학위를 받았다고 해서 무조건 후광 효과를 기대하기 힘들다. 요즘은 예전처럼 유학 자체가 어려운 것이 아니고 드물지도 않기 때문이다. 물론 세계 대학 순위에서 상위권인 대학들은 네임 밸류가 여전히 있기는 하다. 그렇지만 이제 국내 대학들도 세계 대학 순위에서 상위권을 차지하고 있고 실험 여건도 잘 갖추어진 상태이다. 이제 '국내 대 해외' 대학원 진학 고민은 좀 더 어려운 선택이 됐다.

이 질문에 정답은 없다. 내가 학부생이었을 당시에 임용된 젊은 교수님들 중에 국내 박사 출신이 굉장히 많았다. 따라서 교수가 되고 싶으면 해외로 박사학위를 받으러 가야 한다는 생각을 별로 하지 않았다. 물론 국내에서 박사를 하면 포닥은 해외에서 해야 한다는 암묵적인 룰은 있는 것처럼 보였다. 게다가 당시에 나는 해외 대학원을 진학하기 위해서는 무조건 어느 정도 경제적 여유가 있어야 한다고 생각하고 있어서 유학을 더 자세히 고려하지 않았다(해외 유학도 장학금을 잘 활용하면 자비를 들이지 않고도 할 수 있는 기회들이 있다). 그리고 카이스트에 대한 로망도 있었기에 국내 대학원 진학을 결심했다. 결과적으로 보면 같이 공부한 동기 선후배 중에 교수로 임용된 사람이 꽤 많다.

국내 또는 해외 대학원 선택 시 개인마다 적용되는 다른 변수도 많다. 예를 들면 가족을 가까이서 돌보아야 하는 경우 국내 대학원을 선택할 수밖에 없을 것이다. 반대로 해외에서 공부하는 것을 무조건 한 번쯤 해보고 싶을 수도 있다. 어떤 선택이 맞고 틀리고는 없다. 크게 고민하지는 말자. 어떤 길을 선택하든 그 길에서 자신이 원하는 삶을 만들어나갈 수 있다.

해외 대학원에 가면 영어 실력이 는다

해외 대학원(또는 포닥)을 진학했을 때의 장점 중 하나는 아무래도 영어일 것이다. 과학자를 직업으로 할 거라면 평생 영어로 글을 쓰고 발표하고 해야 한다. 따라서 영어가 편하다는 것은 큰 장점이긴 하다. 특히 20대 초중반부터 영어만 사용하는 환경에 노출되는 것은 좋은 기회이다.

해외 대학원에 가면 연구 이외 업무가 적다

해외 대학원을 진학하면 연구 이외의 업무(또는 잡무)량이 상대적으로 적다(연구실마다 차이가 있으므로 너무 일반화하지는 않았으면 한다). 우리나라의 연구실 생활에는 실험 이외에도 다양한 업무 활동이 포함된다. 각종 회식(새로운 멤버가 들어올 때, 누군가 떠날 때, 손님이 올 때 등)이 빠질 수 없다. 해외에서는 상대적으로 보기 힘든 부분이다. 그러다 보니 해외 대학원 생활 중 이러한 한국의 회식 문화를 그리워하는 사람들도 종종 보았다. 나는 개인적으로 랩원들 간의 친목 활동이 적은 해외 연구실 생활이 더 편했다.

해외 대학원에서는 장비 담당 스태프들이 따로 있는 경우가 더 많다. 당연한 게 아닌가 싶겠지만 국내 대학원에서는 대학원생들이 실험 장비 구매, 유지, 보수를 직접 하는 경우가 많다. 어떤 장비를 맡고 있느냐에 따라 박사과정의 상당한 시간을 장비 유지와 보수에 써야 할 수도 있다. 이것은 장단점이 있다. 연구에 써야 하는 시간을 뺏긴다고 볼 수도 있지만 한편으로는 이력서에 쓸 수 있는 새로운 이력이 되기도 한다. 나는 박사과정 동안에 덩치가 꽤 큰 장비를 담당하는 관리자였다. 또한 랩장을 맡았을 때 실험실 전체 이사가 있어서 공사 관련 업무에 많은 시간을 할애했다. 특히 실험실 이사는 특성상 전기공사, 가스배선공사, 안전검사 등이 모두 한 번에 소통하며 이루어져야 했고 그 사이에서 조율해야 하는 일들이 아주 많았다. 모든 경험은 장단점이 있다고 생각이 된다. 박사과정 동안의 논문 실적 경쟁이 치열한 분야라면 그러한 업무들이 부담이 될 수도 있다.

해외 대학원에 가면 휴가가 더 길다

나라마다 상이하겠지만 해외 대학원이 개인 시간과 휴가를 더 여유롭게 보장할 확률이 높다. 국내 대학원생들은 1년 중 일주일 정도 휴가를 가는 경우가 흔하다. 그것도 주말을 포함해서 일주일인 경우도 있다. 2018년 포항공대와 카이스트 대학원생을 대상으로 조사했을 때 평균 휴가 일수가 1년 중 7~8일이었다고 한다. 이마저도 연구실마다 교수님이나 선배들의 눈치를 봐가면서 써야 하는 경우가 부지기수이다. 연구실 내 부당한 대우에 관한 이야기는 대학원생, 포닥, 연구자들이 활용하는 김박사넷, 브릭, 하이브레인넷 등 웹사이트만 찾아봐도 쉽게 검색해볼 수 있다.

휴가의 체감 온도 차는 포닥일 때 더욱 크다. 우리나라에서 박사 후 연구원은 서류상으로는 직원이지만 실제 생활은 박사과정 때와 크게 다르지 않다. 즉 휴가도 일주일 정도가 흔하다. 반면 호주에서 박사 후 연구원은 1년에 한 달 정도 되는 연차를 받고 이를 사용하지 않았을 경우 현금으로 돌려받을 수도 있다. 휴가 사용일은 본인이 원하는 기간에 쓰면 된다. 즉 교수님이나 다른 랩원들과 미리 논의하지 않아도 된다(물론 실험 분야에 따라 실험실을 비울 수 없는 경우가 있어 휴가를 서로 안 겹치게 사용하는 연구실들도 있긴 하다).

국내 톱대학원들도 연구시설이 뛰어나다

요즘은 국내 톱 대학원들도 해외 톱 대학원들만큼 좋은 커리큘럼을 가지고 있다. 논문 실적 면에서도 뛰어나고 각 분야에서 각광받는 과학자들이 국내에 포진해 있다. 특히 반도체와 광학 분야에서 국내 연구가 상당히 강하다고 생각된다. 내가 연구한 분야는 반도체를 이용한 나노광학이었는데 카이스트는 캠퍼스 내에 두 개의 큰 공정시설을 가지고 있다. 여러 나라의 학교들을 방문해본 지금까지도 카이스트만큼 공정 시설이 잘 갖추어진 곳은 많이 보지 못했다. 분야마다 상이하지만, 이제 시설면에서는 우리가 뒤처져 있는 상황은 아니라고 나는 생각한다.

해외 대학원에 가면 고립감을 느낄 수 있다

해외 대학원 생활은 국내 대학원 생활보다 고립된 생활을 할 확률이 크다. 연구실에서 대부분 시간을 보내기 때문에 친구를 사귀는 게 쉽지 않다고 호소하는 경우가 많다. 한국에서는 시간이 지나면서 자연스럽게 친구가 생긴다. 그러나 해외에서는 문화적, 언어적 벽까지 넘어서야 한다. 보통 진로 고민에서 정신적으로 힘들 수 있는 부분들은 크게 고려되지 않는 경우가 많다. 하지만 실제 생활에서 정신적 고통이 미치는 영향은 꽤 크다. 해외대학원을 선택한다면 그 나라 또는 지역의 날씨나 (우중충한 날씨가 지속되지 않는 곳을 추천한다) 도심과의 거리 등을 고려하자.

5
세계 대학 랭킹이
높은 대학교가 좋은 학교일까

해외 대학원을 지원하기로 결정했다면 세계 대학 랭킹에 관심이 가지 않을 수가 없다. 하버드대학교, 스탠퍼드대학교, MIT, 케임브리지대학교, 옥스퍼드대학교 등 역사적으로나 인지도로 보나 교수진과 학생 실력으로 보나 모든 면에서 최상위인 학교들이 있다. 그밖에도 이름이 잘 알려진 학교들은 무수하게 많다. 이들의 순위는 어떻게 될까?

매년 세계 대학 랭킹이 발표되면 국내 대학의 순위가 재조명받는다. 2021년 발표된 QS 세계 대학 랭킹 기준 서울대학교가 36위, 카이스트가 41위를 차지했다. 이를 아주 높다고 느끼는 사람도 있을 것이다. 중국과 싱가포르의 톱 대학교들과 비교를 해보자 싱가포르국립대학교National University of Singapore가 11위, 난양공과대학교Nanyang Technological University가 12위, 칭화대학교Tsinghua University 17위, 베이징대학교 18위이다.

왜 국내 대학은 QS 세계 대학 랭킹에서 낮은가

왠지 우리나라 톱 대학도 10~20위권 정도에는 있을 것 같은데 서울대학교가 36위밖에 안 된다니. 랭킹을 어떤 기준으로 매기는지 궁금해진다(참고로 도쿄대학교는 23위이다). 결론부터 말하자면 외국인이 적은 한국, 일본, 그리고 유럽 대학들은 세계 대학 평가 순위에서 하향 평가될 수밖에 없다. 그 이유는 아래에 더 자세히 설명하겠다.

QS 세계 대학 랭킹에서 사용하는 지표와 퍼센티지
- 학계 평판academic reputation (40%)
- 교수 대 학생 비율faculty/student ratio (20%)
- 논문 인용 수citations per faculty (20%)
- 졸업생 평판employer reputation (10%)
- 외국인 교수 비율international faculty ratio (5%)
- 외국인 학생 비율international student ratio (5%)

이 지표를 보면 아시아 대학, 특히 국내 대학이 순위에서 낮게 나오는 이유를 짐작할 수 있다. 교수와 학생 중 외국인이 차지하는 비율이 얼마인지가 평가 항목에 들어가 있다. 비율로 보면 10퍼센트나 차지하고 있다(이 때문에 외국인이면 임용 시 조금 유리한 부분이 있다). 이 항목은 유학생이 많은 미국, 영국, 호주 등의 영어권 대학에 매우 유리하게 작용한다. 호주는 중국 등 아시아권 유학생의 비율이 굉장히 높고 교수진도 다양한 국적과 인종으로 구성돼 있다. 반면 국내 대학에서는 이 항목에서 받을 수 있는 점수가 현저하게 낮다. 세계 대학 랭킹을 보면 졸업생 평판이라는 항목도 있다. 이 또한 외국인의 비율이 높으면 상대적으로 유리한 항목이다.

학부 유학을 하려는 해외 대학교를 찾고 있다면 지원하고자 하는 학교의 학계 평판, 교수 대 학생 비율 등의 항목 점수를 보면 도움이 된다(QS 세계 대학 랭킹 웹사이트에서 항목별로 점수를 볼 수 있다). 반면 대학원을 선택할 때는 여러 지표 중 가장 관련성이 높은 지표가 '논문 인용 수'라고 생각한다. 이 지표만을 기준으로 상위 50위권 대학들의 재순위를 매겨보았다. 논문 인용 수는 얼마나 활발한 연구가 실제로 이루어지는지를 간접적으로 보여준다.

- 1~3위: MIT, 하버드대학교, 프린스턴대학교 (100)
- 4~5위: 스탠퍼드대학교, UC 버클리 (99.9)
- 6~7위: 취리히 연방공과대학교, 로잔 연방공과대학교 (99.8)
- 8위: 코넬대학교 (98.9)
- 9위: 카이스트 (98.8)
- 10위: 홍콩과학기술대학교 (98.2)

위는 상위 50위 대학교를 재배치한 것이고 전체 대학교 목록에서 논문 인용 수로 재정렬하면 광주과학기술원, 유니스트, 포항공대 순으로 세계 20위 안에 들어간다. 이렇게 굳이 QS 세계 대학 랭킹을 들여다본 이유는 학교 순위를 정하는 기관에서 어떤 지표를 가지고 있는지, 어떤 지표에 비중을 높게 두는지에 따라 랭킹이 큰 폭으로 변하기 때문이다. 한번쯤은 세계 대학 랭킹을 비판적으로도 바라볼 필요가 있어서 짧게 이야기해보았다. 요즘에는 각 학교에서도 이 랭킹을 높이기 위한 전략적인 접근을 하고 있다. 즉 외국인 교수를 늘린다거나 임팩트 팩터impact factor가 낮은 저널에 출간하는 것을 막는다거나 하는 방식이다. 앞서 본 바와 같이 세계 랭킹의 숫자를 맹신하지는 말자. 대학원 선택시에는 어느 '학교'인지보다 어느 '연구실'인지가 상대적으로 훨씬 더 중요하다.

6

지도교수를 어떻게
선택할 것인가

"내가 관심 있는 분야이면서 논문 잘 나오고 분위기 좋은 연구실을
선택하면 되지 뭐!"

이게 말로는 쉽지만 실제로는 그렇게 쉬운 이야기가 아니다. 특히
학부 때는 어느 연구실이 '좋은' 연구실인지 정보를 얻기가 정말 어렵
다. 일단 '좋은 연구실'은 어떤 연구실일까? 여러 가지 요소가 있겠지
만 단순화하면 박사과정 동안 양질의 논문을 여러 편 낼 수 있는 곳
이다. 거기에 더해서 연구실 분위기와 지도교수님의 인성마저 좋아서
내 정신건강까지 유지할 수 있는 곳이라면 금상첨화이다.

국제적으로 굉장히 유명한 그룹이라면 후광 효과도 있다. 그런 그
룹은 제자들 또한 세계 유명 대학교의 교수가 되어 졸업생들의 이력
만 놓고 보아도 어마어마하다. 연구실을 정할 때 지도교수의 국제적
인지도나 영향력을 잘 알고 정하면 좋다. 하지만 학부를 졸업하는 시

점에서는 파악하기 어려운 부분이다. 나만 해도 학부생 때는 교수님들이 강의 이외에 어떤 업무를 하는지 잘 알지 못했다. 또한 랭킹이 높은 학교에는 연구를 잘하는 교수들만 있어서 그중에 어느 곳을 가더라도 상관없는 것인 줄 알았다. 하지만 실제로는 전혀 그렇지 않다. 좋은 학교일수록 저명한 교수가 있을 '확률'이 높은 것은 맞다. 하지만 실제로는 연구를 더는 활발히 하지 않는 교수도 많으니 잘 가려서 지원하도록 하자.

지도교수의 국제적 인지도를 확인하는 가장 간단한 방법은 국제 학회 초청 강연과 펠로십fellowship 여부이다. 예를 들어 나의 연구 분야인 광학에서 세계적으로 가장 큰 학회를 꼽자면 미국 서부에서 열리는 포토닉스 웨스트Photonics West와 클리오CLEO이다. 두 학회는 규모가 아주 커서 분야별로 또 지역별로 더 작게 나누어 열리는 자매 학회의 종류만 해도 꽤 많다. 이 두 학회에서 플레너리plenary나 키노트keynote 강연자로 초청이 되는 교수라면 그 분야에서 대가 또는 스타이다. 이 두 학회의 위원회 멤버로 활동하는 교수들 역시 활발한 국제 활동을 한다는 증거이다. 그 외에도 광학 분야에는 큰 단체마다 펠로fellow를 선출한다(예를 들어 SPIE, IEEE, OSA 등의 펠로십을 가지고 있다면 이 또한 국제적 인지도를 보여주는 지표가 될 것이다). 지도교수의 글로벌한 위상을 엿보고 싶다면 위의 지표들을 잘 살펴보자. 분야마다 저명한 학회와 단체는 다 다르니 잘 파악해두자.

대학교에 따라 대학원에 선입학 후 지도교수를 선택하게 하는 곳도 있다. 누가 지도교수가 될지 모르는 상황에서 일단 대학원 생활을 시작하는 것이다. 카이스트 역시 선입학 후 연구실을 선택하는 시스템이다. 그런데 연구실마다 제한 인원이 있어서 본인이 원하는 연구실에 가지 못할 가능성도 꽤 크다는 문제가 있다. 개인적으로는 자신이 원하는 연구실을 가지 못할 위험이 있는데도 굳이 학교 네임 밸류 때문에 진학하는 것은 말리고 싶다. 다시 한번 말하지만 어느 학교든 연구를 활발하게 하지 않는 연구실이 있다. 어쩔 수 없이 그런 연구실에 들어가게 돼 박사과정 동안 논문을 한 편도 내지 못한다면 MIT나 하버드대학교일지라도 아무 소용이 없다. 아래에는 연구실과 지도교수 선택 시 도움이 될 만한 내용을 추려보았다.

교수의 논문 출간 리스트를 보라

연구자라면 구글 스칼라Google Scholar를 가지고 있다. 교수 이름을 구글에 검색해보면 논문 출간 리스트와 h-인덱스라는 것을 볼 수 있다. 비슷한 분야의 비슷한 연차 교수들을 비교해보면 이 숫자들의 대략적인 감을 잡을 수 있다. 그다음에 교수가 교신저자corresponding author로 들어간 논문들을 살펴본다. 현재 그 연구실에서 실제로 진행하는 연구 주제를 파악할 수 있다. 그룹 멤버들이 1인당 몇 편의 1저자 논문을 내고 졸업을 하는지도 확인한다. 기존 또는 현재 그룹 멤버들 대부분이 박사과정 전체 기간 동안 1저자 논문을 한 편 정도 냈다면 자신 역시 그것보다 많은 성과를 낼 것이라 기대하기 힘들다. 논문 내는 것을 개개인의 능력이라 생각하는 경우가 많다. 하지만 극히 일부를 제외하고는 지도교수와 연구 분야의 영향이 아주 크다.

마찬가지로 그룹원당 공동저자 논문은 몇 개가 되는지 확인한다. 공동저자 기회가 많은 연구실일수록 좋다. 또한 그룹 내의 공동연구인지, 그룹 밖의 사람들과 공동연구인지도 본다. 개인적으로는 특히 해외 그룹과 공동연구를 많이 하는 그룹을 추천한다. 장점은 다양하다. 자신이 속한 연구실의 연구 주제뿐만 아니라 다른 주제를 배울 기회이다. 이러한 공동연구가 해외 그룹 방문으로 이루어지기도 한다. 공동연구를 통해 알게 된 해외 교수님께 나중에 추천서를 부탁드릴 수도 있다(박사학위를 받고 나서 많은 포닥 지원과 임용 과정에서 추천서를 3개 요구하는 경우가 대부분이다). 공동연구에서 꼭 1저자일 필요는 없다. 참여저자 기회는 많을수록 좋다.

포닥 또는 박사 말년 차에게 교신저자의 기회를 주는가? 이것은 포닥 지원 시에는 특히 중요하게 살펴볼 부분이다. 이 부분은 지도교수마다 정말 다르다. 어느 연구실은 박사과정도 교신저자의 기회를 얻지만 그렇지 못한 연구실도 많다. 국내 임용 준비 시에는 1저자가 중요한데 해외 임용 준비 시에는 교신저자 논문 여부가 굉장히 중요하다. 따라서 해외 임용을 노린다면 이 부분도 꼭 확인을 하자.

그 외 특이사항: 논문 저자를 보면 드물게 지도교수가 1저자인 경우를 볼 수 있다(리뷰 논문은 제외하자). 리서치 논문에서 지도교수가 1저자라면 그 전후 관계를 조금 따져볼 필요가 있다. 아직 학생이 일시적

으로 없어서 교수가 직접 리서치를 진행한 드문 경우일 수도 있다. 또는 학생에게 일을 '안' 주었거나 '못' 주었을 수도 있다. 일을 잘 분배해서 최대한 참여저자를 늘려주는 것도 지도교수가 할 수 있는 부분이다. 이와 같이 출간 논문 리스트에서 얻을 수 있는 정보가 많이 있다.

김박사넷에서 지도 스타일을 보라

국내 대학원을 선택한다면 김박사넷을 활용하지 않을 이유가 없다. 내가 국내 대학원을 알아볼 당시에는 이런 웹사이트가 없었다. 연구실 분위기나 교수의 지도 스타일을 잘 모르고 선택했다가 후회한 사람들이 주위에 많았다. 적어도 이제는 일부 연구실은 미리 피할 수 있게 됐다. 피할 수 있으면 피하는 게 상책이다!

논문은 정말 잘 나오는데 '인품' 또는 '연구실 분위기' 항목이 낮게 표시된 연구실을 꾹 참고 다녀야 할까? 나는 절대 반대한다. 대학원 기간은 연구자로서 자신감을 기르는 과정이다. 스트레스가 많은 환경에서 장시간 일하다 보면 정신과 상담을 받고 있는 자신을 발견하게 될 수도 있다.

박사장수생이 있는지 보라

지원하고 싶은 연구실에 박사장수생(보통 석·박사 통합 과정으로 5년 반 졸업, 박사과정은 4년 졸업이다. 호주는 박사과정이 3년에서 3년 반이다)이 있는지 보자. 미래에 자기 자신이 될 수도 있다.

연구실 분위기가 어떤지 살펴보라

연구실 분위기는 어쩔 수 없이 대학원 생활의 희비를 크게 좌지우지한다. 교수님과 보내는 시간보다 선후배와 동기들과 보내는 시간이 압도적으로 더 많다. 연구실에서 같이 일하기 힘든 사람이 한두 명만 있어도 그 영향력은 막강하다. 하지만 아쉽게도 연구실을 선택하기 전에 실제 연구실 분위기를 알기 힘들다. 연구실 분위기가 좋다고 소문난 곳도 매해 그룹원이 바뀌면서 분위기가 유동적으로 변한다. 분위기가 안 좋은 연구실도 다시 좋아질 수 있다. 그렇다고 해서 모든 것을 운에 맡기지 말고 최대한 정보를 얻은 후 선택하자. 지도교수와 연구실 선택에서 여러분들에게 가호가 있기를.

7

인간관계 때문에
힘들 땐 어떻게 해야 할까

　내가 심리 상담가도 아닌데 섣불리 조언해도 괜찮을까 하는 생각에
주저했다. 그래도 내 이야기를 공유하는 것은 비슷한 상황을 겪게 될
또는 겪고 있는 사람들에게 도움이 됐으면 하기 때문이다. 내가 겪은
증상은 두 가지가 있었다(왜 이런 증상들을 겪었는지는 상세히 말하지 못
하는 것을 이해해주길 바란다).

　첫 번째는 심장 두근거림이었다. 가만히 앉아 있는데도 마치 전력
질주한 직후처럼 갑자기 심장이 크게 뛰면서 호흡이 가빠지는 현상을
자주 겪었다. 책상 앞에 있다가 그렇게 심장이 쿵쾅쿵쾅하고 뛰기 시
작하면 정말 겁이 났다. 카이스트에서는 매년 학생들을 대상으로 건
강검진을 진행했다. 매번 의사 선생님께 이 증상을 말해보았지만 딱
히 어떤 소견을 받지는 못했다. 증상이 불규칙하게 나타나다 보니 심
박수 체크에서도 이상 현상이 관측되지는 않았다. 당시에 심리적으로

아주 불안정했다. 그래서 아마도 스트레스성이었으리라 추측한다. 나중에 환경이 바뀌면서 그 증상은 말끔히 사라졌다.

　두 번째는 화병이었다. 내가 20대에 화병을 이해하게 되리라고는 생각도 못 했다. 가슴이 답답하면서 짓눌려 있는 느낌이 일정 기간 지속됐다. 화병은 마음의 병인 줄 알았는데 아니었다. 이때 내 성격도 조금씩 변해갔다. 작은 일에도 화가 나고 욱하기 일쑤였다.

　이 시기에 나는 밖으로 많이 나돌았다. 사람들은 학과를 가리지 않고 알고 지내는 사람이 많은 나를 보고 마당발이라고 했다. 실은 나하고 비슷한 상황인 사람을 만나서 이야기를 들어주고 내 마음의 짐도 덜고 싶었다. 놀랍게도 주위에 힘들어하는 사람이 꽤 많았다. 인간관계 때문에 힘들어하는 사람에게 연구가 잘 안 풀리는 것쯤은 힘든 것도 아니었다. 가상의 A라 칭하여 듣고 경험한 이야기를 모아보았다.

자기자신을 비난하고 탓하지 말자

　A는 오늘도 서점에 가서 심리학 책을 한 권 샀다. 책을 읽다 보면 내 마음도 달래고 B를 좀 더 이해해볼 수 있지 않을까 하는 생각이다. 심리학 책에서 B와 같은 성격을 설명하는 내용을 찾았다. '그래! 책에도 나올 정도이면 B가 한 행동이 문제이긴 한가 보군.' 하고 책에서 위안을 받는다. 나를 이해해줄 만한 친구들에게도 가끔 이야기해본다. 하지만 매번 부정적인 이야기만 하는 사람이 될까 봐 힘든 이야

기도 가려가면서 한다. 계속 힘들다는 이야기만 하는 사람을 만나면 상대방도 피곤할 테니까 말이다. 웃고는 있지만 내가 웃는 게 웃는 게 아니다. 운동도 열심히 해본다. 그러니 연구실에서 일어나는 일들이 내 인생에서 조금 멀어지고 작아진다. 이왕 이렇게 된 거 아예 연구와 더 거리를 두어야 하나 싶다. 요즘은 정신과 상담도 예전만큼 부정적인 인식이 없으니 일단 예약해본다. 뭔가 극적인 변화를 기대했다. 그런데 아직도 일상은 큰 변화가 없다. 스트레스가 장기간 지속되다 보니 이제는 B가 문제가 아니라 자기 자신이 문제인 것 같다. 상황을 예민하게 받아들인 자기 자신을 고쳐보려고 한다. 비난의 화살이 자신으로 향하면서 A는 오히려 예전보다 더욱 위축됐다.

위에 A의 이야기처럼 인간관계에서 힘들어 하는 이들이 결국에는 비난의 화살을 자신에게 돌리는 것을 보았다. 조금만 들어보아도 상대방의 잘못이 분명한데도 말이다. 나는 크고 작게 선을 넘는 행동들이 빈번하게 대학원이라는 작은 공동체에서 일어나고 있다는 사실들에 화가 난다. 우리는 어떤 분쟁에 대해 제3자로 논할 때 당사자인 두 사람의 입장을 모두 들어보아야 한다는 말을 자주 한다. 누구 편을 들어야 한다면 두 사람 이야기를 듣는 게 맞다. 하지만 둘 중 한 명이 명백히 선을 넘었다면 다르다. 즉 어느 정도가 사회적으로 받아들여지는 선인지 공동체의 인식이 필요하다. 내가 있는 멜버른대학교를 포함한 호주 대학교들에는 직장 내 행동강령Appropriate Workplace Behavior Policy이 있다. 이에 대한 교육이 학교 교직원에게 철저하게 이루어진다. 그럼으로써 어떠한 행동은 용납되어서는 안 되는지 공동체의 인식을 이해할 수 있다.

호주에서 연구하면서 한번은 한 학생이 화가 잔뜩 나서 찾아온 적이 있었다. 예전 같았으면 나도 그 상황에 바로 대응했을 것이다. 하지만 이제는 내가 화가 난 사람을 상대하지 않을 권리가 있음을 안다. 그 학생에게도 그러한 상황을 설명하고 다음 날 감정이 수그러든 후 차분하게 대화할 준비가 되면 이야기하자고 하고 돌려보냈다. 반면 한국에서는 조금 다른 경험을 했다. 한번은 매우 화가 난 사람을 맞딱드리게 되었는데 갑자기 고립된 장소에서 상황이 벌어진지라 핸드폰에 경찰서 번호를 찍어둔 상태로 손을 벌벌 떨고 있어야 했다. 그 일을 겪은 직후 당시 상황을 주위에 적극적으로 알렸는데 "그런 일이 있을 수도 있지." "양쪽 다 이야기를 들어봐야지."라고 말하는 사람들이 있었다. 시간이 지나고 이제 해외에서 직장생활을 하면서 직장 내 도덕에 대해 더 자세히 배우고 익히게 됐다. 같은 일이 여기에서 발생했다면 학교에서의 대처는 확연히 다를 것임을 안다.

참지 않아도 된다는 것을 기억하자

우리나라 사람들이 자주 하는 말이 있다. (여러분도 들어봤겠지만) 바로 또라이 보존 법칙이다. 즉 해외라고 해서 또라이가 적지는 않을 것이다. 하지만 인간관계에서 오는 스트레스를 호소하는 이는 호주에서 훨씬 적게 느껴졌다. 앞서 말한 것처럼 선이 넘는 행동에 대해 분명히 교육을 받고, 실제 불합리한 일이 발생했다면 조치가 이루어지기 때문이다. 반면 우리는 일을 크게 만들지 말고 참고 조용히 지나가라는 암묵적인 압박을 받는 경우가 많다. 한국은 직장 내 잘못된 행동들에 상대적으로 관대한 것 같다. 인간관계에서 오는 스트레스를 한 번에 해결하는 솔루션은 없다. 하지만 적어도 자신을 탓하면서 상황을 더 악화시키지는 말자.

너무 힘들다면 연구실을 바꾸거나 학교를 옮기는 것도 고려해보기를 바란다. 지도교수를 변경하는 것은 특히 학생들에게는 굉장히 두렵게 느껴진다. 지도교수의 영향력 때문에 취업이나 학계 진출이 어려워지는 것은 아닐까 걱정되기 때문이다. 특수한 몇몇 분야를 제외하고는 지도교수가 그 정도까지 영향을 미치기는 힘들다. 생각보다 세상은 넓다. 주위에서 지도교수를 변경하거나 학교를 옮긴 후에 일이 더 잘 풀리는 경우도 많이 보았다.

우리는 참고 잘 견디는 것을 미덕이라고 생각하는 문화권에서 자랐다. 하지만 참지 않아도 되는 일들이 있다. 그것을 구분하기 위해서는 꾸준히 주위 사람들에게도 알리고 도움을 요청하자.

8

공부 잘하던
학생들이 연구도 잘할까

학점과 연구 능력은 절대 비례하지 않는다. 그렇다고 반비례는 아니라서 아마도 약한 상관관계가 있을 거라고 추측은 해본다. '좋은 학점'이 대변하는 것은 문제 풀이 능력과 성실함이라고 생각한다. 이 두 가지가 중요하지 않은 것은 아니다. 성실함은 어느 커리어에서든 성공하는 데 필요한 요소이다. 하지만 새로운 연구 주제와 아이디어를 발견하는 능력이나 감은 학점에는 전혀 반영되지 않는다. 따라서 어떤 사람이 연구에서 치고 나갈지는 지켜봐야 안다. 또한 연구는 불확실성이 크게 작용한다. 연구에 쏟는 시간을 늘린다고 해서 연구 결과가 비례해서 나오지 않는다. 1년간 실험한 연구가 실패로 끝날 수도 있고 인기 있는 연구 주제를 흐름에 맞게 잘 타게 될 수도 있다. 이미 알려져 있는 것을 공부하는 것과 새로운 것을 파고드는 것은 완전히 다른 접근방식을 요구한다.

어느 단계에서든 진로를 탐색해볼 수 있다

우리는 아주 어릴 때부터 과학 잘하는 애, 수학 잘하는 애, 체육 잘하는 애 등으로 나누어진다. 게다가 고등학교부터는 문과와 이과로 분리되어서 한번 한쪽을 선택하면 다른 쪽으로 옮겨가기 힘들어진다. 우리나라에서 중고등학교 때 수학과 과학을 잘 못하던 학생이 대학원에서 과학을 연구하고 있을 확률은 낮다. 하지만 문과와 이과의 구분이 그렇게 빨리 결정되어서는 안 된다고 생각한다. 중학교 때부터 과학을 좋아했든, 대학교를 졸업할 때쯤 과학에 흥미가 생겼든 어느 단계에서든 과학자로서의 진로를 탐색해볼 수 있어야 한다고 생각한다. 그럴수록 다양한 풀pool에서 연구자들이 생겨날 것이다. 다양성은 과학을 전체적으로 발전시키는 데 중요하다.

학부 전공과 상관 없이 연구자로 성공할 수 있다

내가 참석한 첫 해외 학회는 러시아 상트페테르부르크에서 열린 작은 워크숍이었다. 벨랩Bell Lab 출신 교수들이 만든 모임이기 때문에 참여 교수들은 다들 친한 사이였고 참석한 학생들도 금방 꽤 가족 같은 분위기가 형성됐다. 거기에서 만난 한 미국 대학원생과 이야기를 하게 됐다. 그 친구는 처음 봤을 때부터 마치 운동선수 같아서 눈에 확띄었다. 하루는 학회 일정 후 네트워킹 시간에 사람들이 하나둘 모이면서 벤치에 자리가 부족해지자 그는 멀리 있던 다른 벤치를 번쩍 들고 왔다. 점심을 먹으면서 물어보니 그는 학부가 끝나갈 때 풋볼 선수를 계속할지, 물리를 할지 고민을 했다고 한다. 잠깐만 뭐라고? 보통은 고체물리를 할지, 반도체 물리를 할지 뭐 이 정도 간극으로 고민하는 게 아니었나? 잠깐의 대화였지만 그때 받은 문화 충격이 꽤 컸다.

요점은 학부 때 어떤 전공을 했는지, 과학고를 나왔는지 등은 연구에서 전혀 중요하지 않다. 연구를 하고 싶다면 자신의 학점과 관계없이 자신감을 가지고 하면 된다. 뒤늦게 박사과정에서부터 두각을 나타내면서 성공적인 연구자가 된 사례는 아주 많다.

9
나는 교수가 될 수 있을까

대학원 시절에는 막연히 교수가 되기를 원했다. 그 이유는 내가 미래 직업으로 원하는 몇 가지 조건을 충족했기 때문이다. 일단 나는 학생들을 가르치는 것이 뿌듯했다. 과외를 할 때도 그랬고 친구들에게 내가 아는 것을 설명하는 것도 재미있었다. 그러다 보니 대학교에서 강의하는 교수라는 직업이 매력적으로 보였다. 그 밖에도 연구자로서 평생 지식 최전선에서 새로운 것을 배울 수 있다는 것도 좋아 보였다. 대학교 캠퍼스를 매일 거닐 수 있다는 것도 좋아 보였다. 강의 시간 이외의 시간은 자율적으로 활용할 수 있고 대부분의 업무도 주체적으로 계획해서 하는 일이라는 점도 마음에 들었다.

하지만 주위에서는 다들 교수는 신의 직장이라고 했다. 내가 열심히 한다고 되는 게 아니라서 아무리 실적이 뛰어나도 타이밍이 좋아야 한다고 했다. 그렇기에 교수는 목표로 하는 것이 아니라 운이 좋아야 되는 것 같다는 느낌을 받았다.

일이 안 풀릴 때가 있으면 잘 풀릴 때도 있다

대학원 시절에도 위기는 자주 찾아왔다. 특히 나 스스로 연구자의 자질이 부족하다고 생각하기 시작했다. 9시에 퇴근하면서 보니 더 늦게까지 남아 있는 사람들이 있었다. 10시에 퇴근해도 12시에 퇴근해도 더 늦게까지 남아 있는 사람들이 있었다. 모두 연구에만 100퍼센트 몰두하는 것같이 보였다. 하지만 나는 연구 말고도 하고 싶은 게 많았고 다른 것들을 포기하면서 하고 싶지 않았다. '과연 나는 이런 연구 분야에 적합한 사람일까?' 하는 생각을 자주 하기 시작했다. 그때부터 과학잡지 기자나 과학 커뮤니케이터 등 내 흥미와 전공을 살릴 수 있는 다른 직업의 가능성도 열어두었다.

시간이 지나면서 앞서 나가는 동기들이 하나둘씩 나타나기 시작했다. 보통 대학원 2년 차가 되면서 첫 논문이 나오기 시작하고 3~5년 차에는 유명 저널 1저자가 속속들이 나온다. 그러한 상황에서 나는 1년 넘게 실험하던 주제를 포기하고 완전히 접어야 했다. 그게 박사과정 중반 때였으니까 초조함은 배가 됐다. 이제 나는 더는 학계에서 살아남기 힘들 것이라고 생각했다.

포닥 기간은 더욱 길고 끝이 보이지 않았다. 국내 포닥을 이미 2년 반이나 하고 호주로 왔기 때문에 실적 압박이 더했다. 포닥으로 받을 수 있는 펠로십이나 그랜트 같은 연구비나 장학금은 박사 후 5년 이내라는 조항이 있는 경우가 많아서 시간도 얼마 남지 않았다. 결과적으로는 박사과정 때 포기하지 않길 잘했다는 생각이 들었다. 박사과정 때 부족했던 논문 실적을 포닥 기간 동안에 끌어올릴 수 있었기 때문이다. 특히 해외 포닥 기간 동안 출판 수나 인용 수 등 모든 부분에서 실적이 향상되었다.

자신감이 떨어지는 이유를 객관화해보자

포기하고 싶었던 순간들은 자신감이 많이 떨어져 있을 때였다. 지금도 자신감은 롤러코스터처럼 오르락내리락한다. 그렇지만 예전과 달라진 점이 있다면 지금은 자신감이 부족하더라도 그것을 객관적으로 보려고 한다는 점이다. 특히 내 능력보다 도전적인 과제나 업무를 맡게 될 때마다 자신감이 떨어지는 것을 느낀다. '이걸 내가 할 수 있을까? 제때 제대로 못 끝내면 어떻게 하지…….'라는 생각이 든다. 그럴 때마다 시각을 조금 바꾸어서 '내가 이번에 조금 어려운 업무를 맡았구나. 그래서 스스로 능력이 부족하다고 느껴지는 거구나.' 하고 자신감이 떨어지는 이유를 객관화해보게 됐다.

참고로 교수를 목표하는 것에 대한 리스크도 알아두면 좋겠다. 만년 포닥을 하면서 자리가 날 때까지 기다리기에는 이공계 박사수 대비 교수 임용 자리가 너무 적다(학과에 따라 매우 다르다. 교육학이나 인류학 관련 박사학위자의 교수 임용은 40퍼센트에 가깝다. 공학 분야는 5퍼센트, 자연과학 분야는 10퍼센트에 불과하다). 따라서 박사과정 동안에는 다른 가능성도 모두 열어두는 것이 좋다. 그래도 교수를 목표로 오늘도 연구하는 사람들에게는 일이 잘 안 풀릴 때가 있다면 잘 풀릴 때도 꼭 온다는 것을 말해주고 싶다.

10

연구 아닌 딴짓을 해도 될까

　나는 박사과정 동안에 연구 이외의 '딴짓'을 많이 했다. 여러 봉사활동에도 참여했다. 대전에서 열린 몰래 산타 행사에 참여했는데 첫해는 일반 멤버로 참여하고 그다음 해에는 기획팀을 이끌었다. 또한 교내 배드민턴 동아리 멤버였고 여자 풋살팀 멤버이기도 했다. 카이스트 물리학과에서는 최초로 여자 대학원생 모임을 만들어버렸다. 정기적으로 모임을 하면서 정보도 나누고 친목도 쌓았다. 동기들과 영어 동아리를 만들어서 영어 공부도 했다. 그러다 보니 연구에 집중을 안한다는 걱정 어린 잔소리를 듣기도 했다.

　시간이 지나서 보니 딴짓은 다 쓸모가 있었다. 대학원 때 나는 '얼마나 연구에만 빠져 있는지'가 교수가 되는 데 필요한 요인이라고 한정했던 것 같다. 하지만 지나고 보니 그동안의 딴짓이 나에게 도움이됐던 점이 꽤 많다.

운동은 연구 활동에 시너지 효과를 일으킨다

먼저 운동! 운동은 정말 어떤 직업을 가지든지 따로 떼어놓을 수 없는 부분이다. 운동의 장점은 너무나도 많다. 육체와 정신이 모두 건강해지는 것은 기본이다. 거기에다가 몸으로 새로운 것을 배우게 되는 것은 머리를 주로 쓰는 연구 활동에 시너지 효과를 일으킨다.

영어를 잘하는 것의 장점은 상상 이상이다

영어로 글쓰기만 잘한다면 과학자가 되는 데는 문제 없지 않을까? 아니다. 영어로 대화하는 것이 자신 있을 때 따라오는 장점은 상상 이상이다. 해외 학회에 가서 쑥스러움에 한국인들끼리만 다니다가 올 것인지, 네트워킹 이벤트에도 참여하고 커피 브레이크 때 해외 연구자들과도 이야기를 나눌 것인지. 어떤 것이 더 나아 보이는가? 이런 작은 차이부터 시작해서 교수직을 국내로 한정 지어서 찾을 것인지, 해외에도 지원해볼 것인지도 선택할 수 있다. 이런데도 영어 공부가 연구 시간을 뺏는 활동이라고만 볼 것인가?

대외 활동은 새로운 기회를 안겨다 준다

여러 모임을 조직하고 활동해본 경험은 시간 낭비였을까? 결과적으로 대외 활동은 항상 새로운 기회를 안겨다 주었다. 여자 풋살팀 활동과 물리학과 여자 대학원생 모임을 조직한 경험을 바탕으로 당시 소셜 벤처 걸스로봇(이진주 대표)과 인연을 맺게 됐다. 이진주 대표의 초청으로 처음으로 대중 강연에 서게 됐고 연달아 개인 인터뷰 요청들이 들어왔다. 이로운넷에는 정기적으로 글을 연재하게 됐다. 국내에서 한 활발한 활동은 해외 활동에도 자신감을 실어주었다.

호주에 와서는 시드니 광학회 커미티 멤버로 첫발을 뗐다. 그리고 2021년에는 전 세계 가장 큰 광학 커뮤니티인 옵티카Optica의 테크니컬 그룹 리더Technical group leader로 선출됐다. 내가 의장으로 있는 이 단체에 전 세계적으로 4,700명이 넘는 사람들이 속해 있다. 나는 사람들과 만나고 이야기를 나누고 새로운 일을 도모하는 것을 좋아해서 꾸준히 무언가를 시도했다. 이 책의 출간도 그 결과물 중 하나이다.

무엇보다 딴짓은 연구의 실패에서 오는 부정적인 감정들을 완충하는 작용을 한다. '연구를 잘하는 나'라는 하나의 자아만 있는 사람은 연구의 실패를 더욱 힘들어한다. 하지만 '연구도 하고, 새로운 일에 항상 도전하고, 운동하는 나'처럼 다양한 활동에 자아가 연결되면 연구의 실패와 좌절에 덜 휘청거리게 된다.

11

최대한 빨리 첫 논문을 쓰자

이번에는 연구에서 가장 중심에 있는 양질의 논문을 많이 쓰는 데 도움이 될 만한 이야기를 나누고자 한다. 내가 아래 사항들을 잘 지킨 것은 아니다. 일부는 내가 그렇게 하지 못했기 때문에 '그렇게 했더라면 더 좋았을 것을⋯⋯.' 하고 깨달은 부분도 있다.

첫 논문을 빨리 내자

대학원 생활을 시작하면 주위에서 많이 듣게 되는 말이다. 그런데 왜 첫 번째 논문을 빨리 내는 것이 중요한가? 가장 큰 이유는 뭐든 한 번 해보고 나면 두 번째부터는 쉽기 때문이다. 어떤 일이든 해보지 않은 일은 두렵게 마련이다. 그 때문에 해보기도 전에 심리적인 에너지

소모를 많이 하게 된다.

논문을 써보지 않은 사람에게 실험-논문 쓰기-제출-수정-출간의 과정은 미지의 과정이다. 논문 출간 과정의 큰 줄기를 파악하고 있지 못하면 전체 흐름에서 크게 중요하지 않은 실험에 너무 오랜 시간을 소모하게 된다. 그러니 첫 번째 논문은 지도교수와 선배들의 도움을 많이 받아서라도 최대한 빨리 내자. 늦어도 대학원 시작 후 2년 차에는 첫 논문 출간을 목표로 하자. (과에 따라 다르긴 하지만) 2년 차부터는 동기들 논문이 나오는 시기이다. 이때 첫 논문이 안 나오면 뒤처지는 느낌이 들 수도 있다.

결과를 시각화하자

새 프로젝트를 맡았다고 해보자. 본인의 아이디어로 시작한 것일 수도 있고 지도교수님의 아이디어일 수도 있다. 무슨 경우든 상관없다. 프로젝트의 목표는 샘플 A를 만들어서 현상 B를 관측하는 것이다. 이때 샘플 A를 만들기 시작했는데 매번 마음에 들게 샘플이 나오지 않아서 샘플 제조를 반복 또 반복하는 사람이 있을 것이다. 처음 실험하는 사람은 한 단계 한 단계에서 너무 완벽을 추구해서 전체 진행이 늦어지는 경우가 흔하다.

이럴 때는 연구단계에서 다음 단계인 '현상 B 관측'에 주의를 기울여보자. 현상 B를 관측했을 때 예상되는 데이터를 손으로 그려보자.

예를 들어 레이저를 만든다면 실험 구상 단계에서 어떤 데이터들이 논문의 그림으로 들어가게 될지 미리 손으로 그려본다. 그러고 나면 이 실험은 단지 이 손그림을 실험으로 구현하면 되는 것이다. 별거 아닌 것 같다. 하지만 이 과정은 실험에서 사소한 것에 시간과 에너지를 쓰는 것을 방지해준다. 심지어 나는 논문에 들어갈 전자현미경SEM 사진도 대략 손으로 그려본다.

무슨 그림이 논문에 실리게 될지 감이 없을 때는 나중에 어떤 게 필요할지 몰라 괜히 잔뜩 사진을 찍어두게 된다. 그럼에도 나중에 진짜 필요한 사진이 없어 다시 샘플을 찾아 사진을 찍어야 하는 수고를 반복하기도 한다. 얻고자 하는 결과를 시각화한 다음에 실험실로 가자.

리뷰 논문에 도전하자

나는 호주에 오기 전까지 리뷰 논문에 대해 잘못된 생각을 하고 있었다. 첫 번째로 리뷰 논문은 그 분야의 대가들만 낼 수 있는 것으로 생각했다. 두 번째로 리뷰 논문은 저널에서 초청받은 경우에만 낼 수 있다고 생각했다. 그래서 처음에 호주에 와서 박사과정이나 포닥을 이제 막 시작한 사람이 리뷰 논문을 내는 것을 보고 깜짝 놀랐다. 결론부터 말하자면 최대한 빠른 시기(박사 말년 차나 포닥 초년 차)에 리뷰 논문을 내보는 것을 추천한다. 전공 분야를 제대로 공부할 기회가 되는 것은 물론이고 리뷰 논문을 통해 인용 수를 끌어올릴 기회가 된다.

나는 너무 늦게 알았다. 지금 박사 말년 차 또는 포닥이라면 리뷰 논문을 노려보자.

발표 능력을 다지자

발표 능력은 입이 마르도록 말해도 모자란다. 학회도 발표이고 강의도 결국은 발표이다. 연구비를 따는 데 중요한 것도 발표이다. 먼저 PPT 발표를 보자. PPT 발표는 박사과정 때 매주 또는 격주로 하는 랩미팅을 통해 실력이 부쩍 늘기도 한다. 특히 연구 발표에서 중요한 점들은 다음과 같다.

청중들 대부분이 못 알아들을 정도로 어려운 이야기를 하지 말자. 아주 가끔 혼자 심취해서 아무도 못 따라가는 이야기를 계속하는 사람들이 있다. 발표는 청중을 이해시키기 위한 것이지 자기가 얼마나 많이 알고 있는지를 자랑하는 것이 아니다. 가장 잘한 발표는 많은 청중들이 발표 내용을 이해했을 때다. 연구 주제를 쉽게 설명할 줄 아는 능력은 매우 중요하다. 한번 가족이나 친구들을 붙잡고 연습을 해보면 좋다. 자신의 연구 주제를 얼마나 비전공자에게 이해시킬 수 있는지 시간이 날 때마다 연습해보자.

연구 발표에서 과도한 데이터를 나열하지 말자. 한 번도 언급하지 않을 그림들은 슬라이드에서 삭제하자. 그래프의 x축과 y축이 무엇인지 집어주는 습관을 들이자. 그래프를 보고 그 경향성이 의미하는 바를 짚어주자. 가끔 청중들이 알 것이라 생각하고 핵심 내용을 생략하는 경우가 많다. 하지만 청중 입장에서 생각해보면 아는 내용을 한 번더 듣는 것은 크게 문제가 되지 않는다. 하지만 핵심내용을 이해하지못한 채로 발표가 진행되는 것은 문제가 된다. 따라서 발표 내용을 이해하는 데 중심이 되는 이론들을 설명하는 데 인색하지 말자.

학회 발표는 다음의 내용도 참고하면 좋다. 서론 부분에서 자신의연구 분야의 필요성이 잘 전달돼야 한다. 문제 제기**problem statement**를 명확히 하고 자신의 연구가 어떤 솔루션을 제시하는지 밝힌다. 또한 매 슬라이드가 넘어갈 때 앞장과 뒷장의 인과관계가 있도록 만들어야 한다. 이를 위해서 슬라이드가 넘어갈 때 적절한 연결어를 적극적으로 활용한다. 스토리텔링 능력이 중요하다고 많이들 말하는데 연구 발표에서도 마찬가지이다.

12

슬럼프에 빠졌을 땐
어떻게 해야 할까

정규교육에서 배우지는 않지만 인생에서는 꽤 중요한 것들이 많이 있다. 개인적으로는 시간 관리, 스트레스 관리, 인간관계에서 오는 상황들 대처, 진짜 돈 관리 등이 빠져 있다고 생각한다. 특히 나는 슬럼프와 무기력증을 처음 겪었을 때는 내가 무엇을 겪고 있는지도 몰랐다. 학교에서는 왜 이런 것의 대처법을 안 가르쳐주었나 원망스러웠다. 한번 간신히 겪어내고는 그다음은 괜찮을 것으로 생각했다. 하지만 그전보다 더 심한 강도로 찾아와서 괴롭히다가 가고는 했다.

대학원부터는 학부 때와는 다르게 엄청나게 많은 시간을 스스로 관리하고 혼자 보내게 된다. 지도교수나 동료들이 어느 정도 압박을 줄수는 있지만 주로 스스로 동기부여를 해야 한다. 시험이나 데드라인이 없을 때도 계속해서 동기부여를 해서 앞으로 나아가야 한다. 그 과정에서 슬럼프나 번아웃도 맞이하게 된다. 연구에서 오는 슬럼프에 한번 빠졌다가 오랫동안 헤어나오지 못하는 경우도 많다. 특히 실적 경쟁을 하는 과정에서 슬럼프에 빠진 시기는 죄책감도 든다. 우리는 살면서 슬럼프와 우울증을 어느 정도 안고 가는 것 같다. 우리는 그 과정에서 조금이나마 빠르게 회복하는 법을 조금씩 배워갈 뿐이다.

자기 동기부여 방법을 찾자

동기부여 트리거들을 잘 기억해두자. 예를 들면 나는 내가 실제로 아는 사람들의 연구 결과를 보면서 자극받고 의욕이 드는 편이다. 지인이 썼기 때문에 논문이 술술 읽히는 효과도 있다. 그리고 아는 사람이다 보니 추후에 공동연구로 확장할 가능성도 있어서 조금 더 신나게 논문을 읽게 된다. 또 하나는 내 홈페이지와 이력서를 업데이트하는 행위이다. 홈페이지와 이력서를 업데이트하다 보면 그동안 해온 성과들이 한눈에 정리된다. 그리고 한 줄 한 줄 채워지는 것이 눈에 보이기 때문에 앞으로도 뭔가를 더 해내고 싶은 의욕이 생긴다. 가끔 연구가 하기 싫고 별로 의욕이 없을 때는 이런 트리거 행위들을 해본다.

그 외에도 매일매일의 동기부여를 위해서는 어느 정도의 당근을 준비해둔다. 예를 들면 어떤 업무를 끝내면 한 시간 동안 넷플릭스 보기, 장기간 프로젝트를 마무리하고 나면 그동안 사고 싶었던 물건 중 하나를 죄책감 없이 자신에게 선물하기 등과 같이 스스로와의 약속을 지키고 대가를 지급하는 행위를 반복하는 것이다.

또한 나는 다독가는 아니지만 책을 짧게라도 매일 읽는 편이다. 내가 책을 읽는 가장 중요한 이유 중 하나는 나에게 꼭 맞는 조언이나 감동을 발견하기 위해서이다. 아마도 살다가 어떤 어려움에 닥쳤을 때 알고 있던 명언이나 문구에서 영감을 얻은 경험이 있을 것이다. 나 역시도 힘든 상황이 올 때마다 어딘가에서 읽었던 구절에서 답을 찾곤 한다. 즉 책을 많이 읽는 것은 나에게 적절한 조언을 해줄 수 있는 사람들을 가까이 두는 것과 같다.

피어 멘토링을 활용해보자

피어 멘토링peer mentoring이라는 말은 조금은 생소할 수 있다. 보통 멘토링이라고 하면 교수-학생 또는 업계 선배와 후배의 관계이다. 피어 멘토링은 동료 간의 멘토링이라고 보면 된다. 멘토링은 국내보다 해외에서 훨씬 활발하게 이루어지는 활동 중 하나이다. 예를 들어 국내에서 이공계 멘토링은 주로 행사를 통해 단발적으로 이루어지는 경우가 많았다. 그것도 주로 대학생 또는 고등학생을 대상으로 하는 경우가 많았다. 포닥이 참여할 수 있는 멘토링 프로그램은 거의 전무했다. 반면 호주에서는 커리어 각 단계에서 멘토링이 지속적으로 이루어진다. 필자가 포닥이었을 때 호주에 오자마자 멘토링 워크숍에 참여하게 됐다. 이때 연구비 지원서 작성에 대한 팁이나 외국인으로서는 알기 힘들었던 내부 정보를 많이 접할 기회가 됐다. 조교수인 지금도 다른 교수가 나의 멘토로 지정되어 전체적인 학교 적응과 커리어 계발을 도와주고 있다.

멜버른대학교에 와서 새롭게 접하게 된 것은 바로 피어 멘토링이었다. 피어 멘토링의 장점은 강력하다. 대부분의 멘티는 멘토의 시간을 뺏는 것을 부담스러워한다. 그러다 보니 사소하다고 생각되는 작은 문제들은 이야기를 꺼내지도 못하고 혼자 끙끙대고 만다. 피어 멘토링에서는 부담 없이 힘들어하는 문제들을 이야기하는 사람들이 많이 보였다.

피어 멘토링의 또 다른 장점은 바로 동질감이다. 비슷한 경력 단계에 있는 사람들이다 보니 서로를 잘 이해할 수 있다. 나는 이 피어 멘토링 워크숍을 몇 회 참석한 이후에 바로 내 피어 멘토들을 구성했다. 바로 영국에 있는 안희경 박사와 오스트리아에 있는 이지현 박사이다. 우리는 경력 단계가 모두 비슷하고 국내에 같이 글을 기고한다는 공통점도 있다. 안 박사님은 직접 본 적은 없고 이 박사님은 서로 각자의 나라에 한 번씩 방문했다. 모두들 내 피어 멘토링 제안을 적극적으로 수락해주었고, 그 이후 우리는 한동안 일주일에 한 번씩 논의하다가 최근에는 2주에 한 번씩으로 빈도를 줄였다.

피어 멘토링에서 가장 중요한 것은 서로에 대한 아낌없는 지지이다. 서로를 진심으로 응원하는 마음이 바탕이 되어 있어야 하고 그다음에는 꾸준한 만남을 통해 서로의 성장을 바라볼 수 있어야 한다. 1년 정도 피어 멘토링을 진행해보니 서로 믿고 의지할 수 있는 관계가 형성된 후 오는 안정감이 있었다. 예를 들어 우리가 누구한테 고민을 말할 때 나를 전혀 모르는 사람이면 자기소개부터 해야 그 문제의 전후 상황을 상대방도 이해할 수 있을 때가 많다. 고민 상담하려다가 진이 다 빠질 수 있다. 반면 피어 멘토링은 서로를 잘 알기 때문에 그런 배경 설명이 필요가 없다. 한 사람당 정해진 시간도 15분이어서 세 명이 하는 한 번의 미팅은 45분으로 끝이 난다. 그냥 수다와는 다른 부분이다. 시간에 대한 규칙도 워크숍에서 배운 것을 응용해서 활용하고 있다. 처음 10분은 혼자서 쭉 모놀로그로 말하고 이후 5분은 나머지 두 명이 화자의 이야기에 조언이나 피드백을 얹는 식이다.

시작하는 것을 목표로 하자

사람들이 많은 장소에서 일해보거나 원래 생활하던 곳이 아니라 새로운 환경에서 공부나 일을 해보자. 할 일이 너무 많아 벅찰 때는 일단 작은 업무라도 끝내자. 이메일 보내기 등 사소한 업무라도 괜찮다. 하나를 끝내고 나면 연쇄작용으로 다음 업무까지 쉽게 하게 되기도 한다.

가장 마음의 짐이 되는 일이 무엇인지 생각해보자. 나는 가끔 일의 부담감에 미리 압도되어 아무것도 안 하게 되는 경우가 많았다. 생각만 해도 스트레스를 받고 그래서 미루다 보니 점점 더 큰 마음의 짐이 되어갔다. 이때는 어떻게든 '그 일을 시작하는 것'이 중요하다. 여기서 중요한 것은 그 일을 끝내기가 목표가 아니라는 것이다. 그 일을 시작하는 것을 목표로 함으로써 진입 장벽을 낮춘다.

또한 주기적으로 학회와 세미나 발표를 활용하기를 추천한다. 슬럼프 기간에 사그라든 연구에 대한 열정의 불씨가 타오를 수 있다.

13

세상은 넓고 대학은 많고
교수는 다양하다

보통은 대학교에서 가르치는 일을 하면 교수라고 광범위하게 본다. 하지만 각 직책이 가지는 명칭이 매우 다양해서 혼동해서 쓰이기도 한다. 일단 석사와 박사까지는 어느 나라든 큰 차이가 없다.

연구교수, 조교수, 부교수, 교수는 무엇이 다른가

박사 후 연구원postdoctoral researcher의 경우 한국은 따로 구분 없이 포닥과 펠로가 혼용돼서 쓰인다. 하지만 해외에서는 이 두 가지 명칭이 명확히 구분되는 편이다. 학교 또는 지도교수의 연구비로 고용된 경우는 포닥 연구원postdoctoral research associate으로 구분이 된다. 뒤에 펠로가 붙는 경우는 특정 펠로십에서 월급이 나오는 경우에 해당

한다. 펠로십마다 다르지만 보통은 연봉에 더해서 연구비도 같이 받는다. 따라서 포닥 펠로postdoctoral fellow(또는 리서치 펠로)는 조금 더 독립적인 연구자로 인식이 되는 편이다. 한국에서는 보통 포닥을 몇 년 하면 연구교수로 직함이 바뀐다. 그런데 우리의 연구교수라는 개념은 해외에서 정확히 대응하는 개념을 찾기 어렵다.

다음 단계는 보통 정년 트랙이라 부른다. 이를 위해서는 조교수로 임용된 뒤 승진 심사를 거쳐서 부교수와 정교수가 된다. 국내에서는 조교수부터 교수라고 부른다. 호주와 영국에서는 부교수부터 교수 명칭이 붙는다.

계약직으로 강의하는 강의 전담 교원도 있다. 호주에서는 강의만 전담하는 사람도 연구 중심 대학에서 정년 트랙을 밟을 수 있지만 한국은 그렇지 않다. 단순화해 비교하면 한국에서는 조교수가 되기 위해서(연구 중심 대학이든 교육 중심 대학이든 상관없이) 연구성과가 제일 중요하다. 연구성과가 중요한 것은 어디든 마찬가지이다. 다만 호주에서는 박사를 마친 후 교육으로 경력을 쌓은 경우에도 조교수로 임용하는 경우가 자주 있다.

～⋅～

연구 중심과 교육 중심 대학은 무엇이 다른가

교수 임용을 준비하는 시기부터는 지원하는 학교가 연구 중심인지, 교육 중심인지 더 자세히 알아보게 된다. 연구 중심 대학과 교육 중심 대학은 여러 가지로 구분이 가능하겠지만 대학원의 규모로 구분하는 것이 쉬울 것이다. 예를 들어 카이스트는 학부생만큼의 대학원생이 있고 한 연구실마다 (지도교수당) 대학원생의 숫자가 열 명 또는 그 이상으로 많다. 따라서 이러한 연구 중심 대학으로 임용이 된다면 실험실을 꾸리고 그를 위한 외부 연구비를 지속적으로 수주하는 것이 기대된다. 교육 중심 대학들은 대학원의 규모가 작아 교수의 주 업무가 수업인 경우가 많다. 우리가 알고 있는 상위권 대학들은 대부분 연구 중심 대학이다.

　연구 중심인지, 교육 중심인지에 따라서 임용과 승진 심사에서 고려하는 요인도 다르다. 연구 중심 대학은 연구비를 얼마나 수주했는지, 저널 임팩트 팩터가 높은 논문을 얼마나 많이 냈는지가 중요하다면 교육 중심 대학은 강의 수업 평가 등이 중요하다. 또한 지원자 역시 교육에 뜻이 있다면 교육 중심 대학을 선택해야 만족도가 클 것이고, 대학원생들과 평생 연구를 하는 것을 꿈꿔왔다면 연구 중심 대학을 선택해야 한다.

14

교수 임용 심사 준비를
어떻게 해야 할까

나는 국내 포닥 2년 반 이후 시드니로 와서 두 번째 포닥 2년과 리서치 펠로 1년 반을 했다(포닥을 6년이나 하게 될지는 몰랐다). 적극적으로 자리를 알아보기 시작한 것은 2019년 중반부터였다. 당시를 회상해보면 임용 전선에 뛰어들기에는 조금 자신이 없었는데 『네이처』와 『사이언스』급의 대단한 논문이 없었기 때문이다. 또한 논문 인용 수나 h-인덱스가 조금 부족했다. 그렇기에 한동안은 논문 인용 수 숫자가 하나하나 올라가는 것을 계속 체크했던 것 같다.

붙을 확률이 0퍼센트는 아니니 지원해보자

한번은 로열멜버른공과대학교RMIT에서 인터뷰 기회를 잡았다. 호주에 온 지 얼마 안 돼 서류 통과가 된 터라 나도 기대가 컸다. 모집하는 분야와 내 연구 분야가 워낙 잘 맞는 상태에서 인터뷰까지 갔으니 붙을 확률이 높다고 생각했다. 하지만 인터뷰도 잘한 것 같은데 결과적으로는 떨어졌다. 이후에 상황은 더 좋지 않았다. 2019년에 지원한 학교들은 인터뷰 기회를 한 번도 못 얻은 것이다. 심지어 내 전공 분야의 자리는 정말 잘 나오지 않았다.

그래서 멜버른대학교에 지원할 때는 사실 크게 기대하지 않았다. 호주에서 1, 2위를 다투는 대학교인데다가 이전에 멜버른 대학교에서 뽑는 포닥 펠로십에서 서류 통과도 못 했기 때문에 높은 벽이 느껴졌다. 심지어 공고문에는 최대 두 명까지 뽑는다고 적혀 있었고 선호하는 연구 분야도 명시돼 있었다. 내 전공하고는 완전히 달랐다. 하지만 다음의 한 줄이 있어서 1% 기회라도 흘려보내지 말자고 생각했다.

'공고된 전공과 다른 분야의 연구자라도 학과의 현존 연구
강점을 보강할 수 있는 분야의 연구자라면 임용 고려 대상임'

적어도 붙을 확률이 0%는 아니니까 한번 지원해보자! 결과적으로는 물리학과 출신인 내가 전기전자공학과에 임용이 됐다.

2019년 겨울(호주는 여름) 1차 서류 합격 소식을 들은 후 스카이프 인터뷰 준비를 시작했다. 인터뷰 당시에 나는 국내 학회 참석으로 인해 오랜만에 한국에 머무르고 있었던 상황이다. 우리말을 쓰다가 인터뷰 때 갑자기 영어를 쓰려면 버벅거리기도 하고 우리말을 직역한

듯한 어색한 영어를 사용하게 될 것 같았다. 그래서 인터뷰 이틀 전부터 수원 집 근처에 따로 숙소를 잡았다. 그곳에서 이틀간 아무도 만나지 않고 영어만 듣고 말하면서 인터뷰 준비를 했다. 지나고 보니 유별나게 준비했다 싶기도 하다. 하지만 당시에는 정말 간절했다.

방문 인터뷰 시 세미나 발표가 중요하다

인터뷰 당일은 한국 시간으로 오전 8시였다. 깔끔하게 하얀색 셔츠를 입고 기분을 업시킨 후 인터뷰를 시작했다. 20분이 순식간에 지나갔다. 일주일 뒤 스카이프 인터뷰를 통과했다는 이메일을 받았다. 크게 기대하지 않았다고 하더라고 방문 인터뷰onsite interview까지 잡히고 나니 '혹시' '어쩌면' 하는 기대가 생겨났다. 방문 인터뷰는 2020년 1월에 이루어졌다. 무엇보다 해외에서 임용 과정을 거쳐본 지인이 많지 않았는데 한때 같이 포닥을 하다가 미국에 교수로 임용된 박사님이 있어서 공항에서 전화를 걸어 내가 겪게 될 일을 여쭈어보았다. 방문 면접 일정 중 가장 걱정이 됐던 것은 학과 교수들을 일대일로 만나면서 한 시간씩 이야기해야 하는 것이었다. 미국에 계신 박사님이 해주신 말 중에 방문 인터뷰는 지원자가 학과에 잘 어울릴 수 있는지를 본다는 말이 와닿았다. 자신감 있는 그대로의 모습을 보여주자고 다짐하고 멜버른행 비행기에 올랐다.

임용 면접에서 세미나 발표는 매우 중요하다. 처음으로 학과의 모든 교수들에게 자신의 연구를 한 시간 동안 발표하는 자리이다(공개 세미나일 때도 있다). 아무리 서류상으로 좋은 저널에 실린 논문이 많다고 하더라도 세미나에서 이 내용을 흥미롭게 엮어내지 못한다면 소용이 없다. 『네이처』나 『사이언스』보다 한 단계 낮은 저널들이라도 그 스토리를 잘 묶는다면 더 강력하게 어필할 수도 있다.

나중에 세미나 발표가 내가 임용되는 과정에서 큰 영향을 미쳤다고 전해 들었다. 한 가지 팁은 지원하는 학과 교수들의 전공을 모두 잘 확인해보는 것이다. 내 경우에는 내 전공(나노광학) 분야와 비슷한 전공은 학과에 단 한 분, 광섬유를 이용한 통신 분야는 두 분, 그리고 나머지 분들은 나와 전혀 다른 분야였다. 따라서 내가 그동안 물리과에서 사용하던 발표 자료의 도입 부분을 완전히 뜯어고쳤다. 전자과 교수들이 듣기에 흥미로운 도입이 될 수 있도록 바꾸었다. 그리고 전공용어는 매번 쉽게 의미를 풀어 설명하고 넘어갔다.

연구 중심 대학이라면 앞으로의 연구 계획과 연구비 수주 계획이 있어야 한다. 이 내용은 세미나 뒷부분에 잘 정리된 계획으로 덧붙이면 좋다. 내 경우에는 임용 면접 전체에 걸쳐서 두세 번 연구비 수주 계획에 관한 질문을 받았다. 또한 자신의 장단점을 심사자 입장에서 생각해보자. 지원자로서 내가 가진 장단점을 잘 알고 있는 것은 중요하다. 장점은 인터뷰 과정에서 부각하고 단점에 대해서는 대안책을 마련해서 가야 한다.

방문 인터뷰를 마치고 최종 결과를 기다리던 2020년 초의 호주는 뜨거운 여름이었다. 결과 이메일이 언제 올지 몰라서 한동안은 이메일이 올 때마다 약간의 설렘과 두려움이 동시에 몰아쳤다. 임용 면접 결과 이메일이 왔던 그날은 아마도 평생 잊지 못할 것 같다. 나는 호주 브리즈번에 있는 학회에 참석 중이었다. 아침에 숙소에서 핸드폰을 확인하는데 멜버른대학교 학과장 이름으로 이메일이 와 있었다. 메일 제목은 달랑 '멜버른대학교 지원**Application to University of Melbourne**'이었으니 붙었다는 건지 떨어졌다는 건지 알 수 없었다. 나는 메일을 열자마자 빠르게 내용을 훑어보았고 합격을 확인하자마자 그 자리에 주저앉아 펑펑 울었다. 그동안 사람들에게 "멜버른대학교가 되면 좋고 안 돼도 어쩔 수 없고."라고 대담한 척 말했던 것도 초조함과 불안을 숨기기 위해서였다. 눈이 통통 부은 상태로 학회장에 갔고 당시 지도교수님은 눈치 빠르게 결과가 나왔냐고 물어보셨다. 나는 지도교수님이 엄청나게 기뻐하시는 반응을 보고 나서야 임용이 됐다는 것을 실감할 수 있었다.

15

교수는 실제로
무슨 일을 할까

사람들이 일반적으로 생각하는 교수는 아마도 대학교에서 대학생들을 가르치는 사람일 것이다. 사실상 연구 중심 대학에서 강의는 교수가 맡는 업무 중에서 일부분에 불과하다. 강의 이외에 책임져야 하는 가장 큰 역할은 그룹 리더이다.

연구 인력을 모집하고 연구비를 끌어와야 한다

가끔 교수를 '중소기업 사장'이라고 표현하는 경우가 종종 있다. 이 말이 딱 맞다고 생각한다. 내가 조교수가 되었을 때 박사과정 지도교수님은 "네 가게를 차린 것을 축하한다."라고 하셨다. 실험실을 차리고 운영하고 꾸준히 연구 인력을 모집하고 연구비를 끌어와야 하는 이 사이클은 학교에서 해주는 것이 아니라 연구책임자**PI, principal investigator**에게 전적으로 달렸다.

근래에 나는 이 바퀴를 잘 굴려서 선순환하기 위해 부단히 노력 중이다. 학부 때는 잘 모르는 경우가 많은데 실험실 운영에 필요한 비용은 대학교에서 나오는 것이 아니다. 물론 처음 들어온 조교수에게는 일명 스타트업 펀드를 준다. 또는 다른 학교에서 능력 있는 교수를 데려올 때도 상당한 연구비를 투자한다. 그 스타트업 비용을 제외하고는 이후에 지도교수가 적극적으로 연구비를 수주해와야 한다.

교수의 주요 업무들은 무엇인가

그 외에 교수가 하는 업무를 적어보았다.

- 대학교 강의: 연구 중심 대학은 학기당 1개(많으면 2개), 교육 중심 대학은 3~4과목을 가르친다.
- 대학원생 지도: 대학원생들과 정기 미팅을 하고 연구 주제에 대한 논의를 이어간다. 보통 그룹 미팅은 일주일에 한 번 있고 그 외에 학생과 일대일 개인 미팅도 있다.
- 연구계획서 작성: 연구비를 따기 위해서는 꾸준히 연구 과제를 찾고 계획서를 작성해야 한다. 참고로 한국이나 미국에서는 과제를 연구실 구성원이 작성하는 경우도 많다. 호주에서는 과제 작

성은 온전히 교수의 몫이다. 학생이나 포닥이 소속된 연구실의 연구계획서나 보고서를 도와주는 경우는 아직 보지 못했다. 포닥이 돕게 된다면 주 연구자로 같이 이름을 올리는 경우였다.

- 연구 분야 공부: 논문 읽기, 학회 참석을 통해 그룹이 나아가야 할 방향을 탐색해야 한다.
- 연구 분야 홍보: 학회, 세미나에 꾸준히 참석하고 발표함으로써 연구실에서 나온 결과를 알리는 일을 한다.
- 커뮤니티 활동: 학회 주최, 네트워킹 이벤트 주최 등 다양한 커뮤니티 활동으로 국제 사회 일원으로 업무를 다한다. 특히 이러한 과정을 통해 국제적인 네트워킹을 발전시킬 수 있다. 잘 쌓아 둔 국제적 위상은 지도 학생들의 커리어에 도움이 된다.
- 그 외 행정 업무: 학과 미팅에 정기적으로 참석하고, 학과에서 열리는 다양한 커뮤니티에서도 활동한다.
- 논문, 그랜트 리뷰 활동: 실적이나 업적으로 남지 않지만 교수들이 꾸준히 하는 활동이다.
- 멘토링, 대중 강연 활동: 이것은 필수는 아니라서 활발하게 하는 교수들과 덜 활발한 교수들이 있다. 호주에서는 이 역할이 매우 중요하게 여겨져서 모든 교수에게 장려하는 분위기이다.

16

과학자인데 영어를
잘해야 할까

해외에서 교수를 하려면 영어를 얼마나 잘해야 하나요? 뻔한 답이지만 잘하면 잘할수록 좋다. 하지만 국내 박사가 해외 교수로 임용된 사례가 적기에 그만큼 영어의 장벽이 없다고는 할 수 없겠다.

앞에 프롤로그에서도 말했지만 나는 한국에서 차상위 계층으로 자라났다. 엘리트 교육은 받지 않았지만 스스로 영어 공부를 열심히 하기는 했다. 내가 어릴 때는 카세트테이프로 공부하던 시절이었고, 영어를 무의식에서 들어야 는다고 누군가 하는 말을 듣고 한동안 카세트테이프를 틀어놓고 잠이 들었다. 영어 채널도 몇 개 없던 때라 CNN 방송을 틀어두었다. 그 당시에만 해도 해외에서 살다 온 사람은 중고등학교에서 한두 명이 있을까 말까 할 만큼 적었다. 그러다 보니 나도 학교에서는 영어를 아주 잘하는 편에 들었다. 수능 모의고사는 거의 만점을 받거나 문법에서 한두 문제를 틀렸다.

연구제안서 작성 영어 실력이 중요하다

학창 시절에 대학교를 미국으로 간다면 좋겠다고 생각했는데 그게 형편상 안 됐다. 그러다 보니 나중에는 꼭 해외에서 살아보고 싶다는 꿈이 점점 더 커졌던 것 같다. 뒤돌아보니 조금 안타까운 것은 대학교 때 영어 공부를 제대로 안 했던 것이다. 이때 회화를 제대로 공부했다면 좋았을 것 같다는 생각이 든다. 카이스트 대학원 기간에도 마찬가지로 영어 실력을 크게 늘리지 못했다. 그 기간에는 영어를 공부하기에는 심리적으로 너무 벅찼다. 친구들과 「프렌즈」로 영어 공부를 하긴 했는데 빈도나 강도가 부족했다.

영어가 진짜로 늘기 시작한다고 느낀 것은 2017년 호주에 오면서부터였다. 이 때문에 해외에 조금 더 일찍 나오면 영어 학습 면에서는 여러모로 좋을 것 같다는 생각을 많이 했다. 영어 공부에서 지난 4년간 해외 생활에서 느낀 점들을 적어보았다.

논문 영어는 사실 어려운 것이 아니었다. 논문에서 쓰이는 영어 단어는 금방 익힐 수 있다. 주로 데이터를 설명하는 영어라서 어휘 범위가 거기서 거기인 편이다. 논문을 몇 편 직접 작성해보면서 작문 실력을 키워가다 보면 점점 논문 작성에 드는 시간이 줄어든다. 석사 때 처음 작성한 논문은 한 줄 쓰기도 버거웠고 초안을 쓰는 데 꼬박 한 달이 걸렸다. 지금은 논문 그림만 완성이 돼 있다면 본문 부분은 하루이틀이면 초안을 작성할 수 있다.

해외에서 살아남으려면 연구제안서 작성에 쓰이는 영어가 굉장히 중요하다. 과학 논문하고 크게 다르지 않을 것처럼 보이지만 논문 글쓰기와 연구비 제안서 글쓰기에서 느끼는 체감적인 차이는 꽤 크다.

나는 호주에 오기 전에는 연구제안서 작성에 어느 정도 자신감이 있었다. 한국에서 박사과정을 한 경우에는 직간접적으로 연구제안서 또는 보고서 작성에 참여한 경험이 다들 있다. 그래서 전반적인 과정에 어느 정도 감이 있었고 대부분 지원 결과도 좋았다.

하지만 처음 영어로 연구제안서 쓰기를 해보고 나서 언어의 장벽을 뼈저리게 느꼈다. 논문 영어는 정제되고 감정이 배제된 중성적인 표현을 쓴다면 제안서에서는 화려한 어휘를 맘껏 뽐내며 상대방을 강력하게 설득하는 표현을 쓴다. 즉 영어 실력의 차이가 제대로 드러나는 글쓰기 형식이었다. 내가 호주에서 처음으로 도전한 연구 과제는 DECRA(Discovery Early Career Researcher Award, 박사 후 5년 이내에 신청할 수 있는 호주 정부 연구비)라는 연구 과제였다. 이 준비 과정에서 지난 합격자들의 제안서를 받아서 읽어보았다. 대학원을 시작하고 나서 처음 과학 논문을 읽을 때 한 줄 한 줄을 넘어가는 게 힘들었던 것처럼 다시 똑같은 경험을 했다. 과학 논문 쓰기에는 이제 어느 정도 자신감이 있었는데, 제안서 글쓰기 수준을 보니 다시 석사 때로 되돌아간 느낌이었다. 시간이 지나서 다시 보니 제안서에 많이 쓰이는 표현들도 이제는 어느 정도 비슷비슷하게 느껴진다. 설득하는 글을 영어로 잘 쓰기 위해서는 좋은 예제 글을 계속 많이 접하고 자기가 쓴 글을 수준 높은 영어로 교정받는 것이 중요하다.

영어 제안서 글쓰기로 몇 년을 뒹굴고 난 다음부터는 교정을 받을 때 교정자의 실력도 조금씩 보이기 시작했다. 전에는 교정을 받으면 수정된 대로 감사하게 받았다. 하지만 이제는 정말 잘 고친 교정이 무엇인지 눈에 들어온다. 영어 글쓰기는 해외 과학자로 살아남기 위해서는 정말 중요한 스킬이다.

영어로 듣고 말하기는 호주에 온 첫날부터 몸으로 부딪치며 늘려가고 있다. 특히 호주식 발음은 리스닝 공부를 다시 처음부터 하는 듯한 느낌이 들게 했다. 또한 초반에는 내가 생각하는 것을 바로바로 내뱉지 못했다. 어색한 영어 표현도 많이 썼으리라. 하루는 지도교수와 이야기하다가 내가 한국인들과 셰어하우스 생활을 하고 있다고 말했다. 지도교수는 영어가 늘려면 당분간 한국어를 안 쓰는 환경에 있는 것이 좋겠다고 조언해주었다. 이후에 어차피 셰어 생활에 분쟁이 생겨 집을 옮겨야 했다. 이후에 한국어 투입input과 산출output이 완전히 끊기게 된 기간이 길게 이어졌고 그 기간에 영어가 늘었다.

영어 자극에 꾸준히 노출시켜라

학창 시절에 영어를 좋아했고 여전히 좋아한다. 그럼에도 그와 별개로 자신감은 항상 들쑥날쑥하다. 어느 날은 말이 좀 자연스럽게 나오는 것 같다가도 어느 날은 자꾸 버벅거리고 비슷한 단어만 사용하는 것 같아 답답하기가 반복된다. 해외에서 5년을 살면 지금 내가 하는 영어보다 훨씬 더 잘할 것 같았다. 그런데 여전히 실력이 부족한 것 같아 불만이다. 공부법도 너무나 다양한데 신기하게도 매번 동기부여가 되는 공부법이 다르다. 중요한 것은 꾸준히 자극에 노출되는 것이다. 어떤 때는 영어 유튜버의 이야기에 자극되기도 하고, 어떤 때는 학창 시절처럼 교재를 사서 하는 공부가 더 잘되기도 한다. 어떤 공부이든 계속해서 다양한 방법을 시도하며 꾸준히 해가는 것이 중요하다. 자신의 공부법을 찾기 위해 계속해서 노력해보자.

17

어서 와~ 호주에서 공부하는 것은 처음이지

왜 한국에 안 오냐는 질문을 자주 받는다. 나는 해외 생활에 대한 로망이 강했다. 중학교 때부터 HOT나 GOD보다는 백스트리트 보이즈와 엔싱크에 푹 빠져 있었고 해외에 나가보고 싶다는 바람이 컸다. 하지만 실상은 해외는커녕 제주도를 가볼 기회도 없었다. 대학교 3학년 때까지는 비행기도 타보지 못했다. 마침내 대학교 3학년 때 처음으로 비행기를 타볼 기회가 찾아왔다. 서강대학교에 특허법 과목이 열렸고 현직 변리사가 직접 대학교에 와서 강의를 했다. 당시 변리사라는 직업의 인기는 폭발적이었다. 강의실은 100명이 넘는 학생들로 매번 꽉 차 있었다. 당시 이러한 수업이 여러 대학교에서 동시에 열렸다.

이 수업은 사실 스위스 서머스쿨 참석 기회를 주는 수업이었다. 기말 시험이 끝난 후 학교마다 한두 명이 선출되고 이들이 모여 다시 경쟁한다. 경쟁의 첫 관문은 학교에서 두 명에 뽑히는 것이었다. 이어서 서류 전형과 면접을 거쳐 최종적으로 전국에서 단 두 명을 뽑았다. 나와 부산대 학생이 선발됐다(지금도 '서강대 김세정 특허청'을 검색어로 네이버에 치면 기사가 검색된다).

나는 해외로 가서 공부해보고 싶었다

스위스 제네바에서 열린 세계지적재산권기구WIPO 서머스쿨은 전 세계 각 나라에서 참여해서 특허법에 대해 논의하는 자리였다. 현업 변호사와 변리사들도 많았다. 처음 외국에 나가본 건데 심지어 이 서머스쿨은 토론을 많이 해야 했다. 한국 대표로 참여한 자리인데 토론도 제대로 하지 못했고 다른 외국인들과 대화할 때 놓치는 부분도 많았다. 한번은 뉴욕에서 온 사람에게 내가 어떤 질문을 했다. 그가 성의껏 대답해주었는데 워낙 전문 용어가 많아서 거의 알아듣지 못했다. 그 이후에는 더더욱 외국에서 살아보고 싶어졌고 영어도 더 잘하고 싶어졌다.

국내 대학원 기간에는 해외 학회 참여 기회가 몇 번 있었다. 대학원 때 러시아, 독일, 미국을 방문할 기회가 있었다. 그러면서 단순히 해외에서 살아보자가 아니라 해외로 이민을 갈 결심이 섰다. 이민에 대한 구체적인 생각이 이어지면서 그럼 어느 나라로 갈 것인가가 중심 질문이었다. 내가 모든 나라를 가본 것은 아니기 때문에 제한된 경험으로 결정해야 했다. 호주에 오기 전까지 가본 나라는 독일, 프랑스, 스위스, 이탈리아, 핀란드, 스웨덴, 러시아, 중국, 일본, 미국이었다. 일단 영어를 쓰는 나라 아니면 독일어권 또는 북유럽을 생각하고 있었다.

그중에서도 최종적으로 호주를 선택한 것은 높은 포닥 연봉이 큰 몫을 했다. 해외에서 돈이 부족하거나 아프기라도 하면 어쩌나 하는 걱정도 있었고 무엇보다 돈 걱정하면서 공부하는 게 얼마나 정신적으로 힘든지 알기 때문이기도 했다. 참고로 포닥에게 주는 연봉이 높다고 알려진 나라는 스위스와 호주이다. 나 같은 경우에는 한국에서의 포닥 경력이 인정되어서 좋은 연봉으로 시작할 수 있다. 처음 연봉을 9만 호주달러 이상을 받았고(2022년 2월 기준 원화 약 8,000만 원) 매년 연봉이 올라가는 시스템이다. 또한 학교마다 퍼센티지가 조금 다를 수 있지만, 대부분의 학교는 연봉의 17퍼센트를 연봉과 별개로 연금으로 지불한다. 이렇게 모인 연금은 국내로 돌아갈 때 찾아갈 수도 있고 호주에 머무르면 노후 대비를 할 수 있다.

호주는 아시아인이 이민 가서 살기 좋은 나라다

호주는 그 외에도 지내보면서 알게 된 좋은 점들이 많았다. 호주는 캐나다와 미국과 마찬가지로 이민자들이 많은 나라이다. 특히 아시아와 가까운 지리적 이점으로 아시아권 이민자들이 많아서 생활에 큰 편의를 누릴 수 있다. 일단 시드니, 멜버른, 브리즈번 등 큰 도시에서 한인 마트를 쉽게 찾을 수 있다. 현재 내가 사는 곳은 50미터만 걸어가면 대형 한인 마트가 있다. 그만큼 한인 식당도 많다. 유럽 여행지에서 한인 식당을 갔다가 재료가 뭔가 하나 빠진 맛에 실망하는 그런 일은 여기에선 없었다. 중국인이 많고 아시아 상권이 크기 때문에 아시아에서 유행하는 상품은 금방 유입된다. 밀크티, 요거트 등 디저트 가게도 많고 설빙, 명랑핫도그 등 한국 디저트 가게도 있다. 호주는 유럽과 아시아의 어느 중간쯤에 있는 느낌이다.

건물도 유럽 느낌이 나는 건물도 있고 아시아의 아파트 단지 같은 느낌이 나는 건물도 있다. 워라밸을 중시하는 유럽의 문화가 있지만 그렇다고 유럽처럼 오후 5시면 가게들이 다 문을 닫거나 하지는 않는다. 아시아인으로서 생활에 불편을 느끼지 않는 아주 드문 서구권 나라일 것이다. 도시마다 멋진 식물원도 있고, 도심 곳곳에는 공원이 정말 잘 조성돼 있다. 호주는 대자연과 도시 문화와 교육 등 모두 다 잘 어우러져 있는 곳이라고 생각한다.

18

투 바디 프라블럼을
어떻게 해결할까

　물리에서 투 바디 프라블럼은 고전 역학에서만 나오는 것은 아니다. 커플 모두 학계에 있는 경우 둘 다 한 곳에 직장을 정착하기까지 각자 이 나라 저 나라를 떠돌며 장거리 연애를 유지하는 경우가 많다. 이를 두고 투 바디 프라블럼이라고 부른다. 이공계에서 해외 포닥은 점점 필수 과정처럼 굳어가고 있다. 교수가 되기 위해서는 수년간의 해외 포닥을 하고 심지어 포닥1, 포닥2로 포닥에 이어 또 포닥을 하는 과정을 겪기도 한다. 국내 정부 출연 연구소들 역시 박사 후 바로 정규직으로 들어가기가 쉽지 않아서 해외 포닥을 통해 실적을 더 쌓고 나야 가능성이 높다(자신의 분야는 다른 선배들에게 물어보는 것이 더 정확할 것이다).

해외 포닥을 나갈 시점은 결혼했거나 결혼할 사람이 있다

어찌 되었든 국내 박사과정은 박사 졸업 후 바로 국내 취업을 하거나 해외 포닥을 선택한다. 해외 포닥은 적으면 1년에서 보통은 2년 정도를 다녀오는 편이다. 문제는 해외 포닥을 나갈 시점의 나이가 보통은 서른 살 전후이다. 이때는 결혼했거나 결혼할 사람이 있는 경우가 많다. 특히 둘 다 박사과정이라면 같은 나라의 같은 도시로 포닥을 가기가 결코 쉽지 않다. 운이 좋게 심지어 같은 학교로 가는 경우도 듣긴 했지만 매우 드물다.

내 이야기를 조금 하자면 나는 대학원 생활을 하면서 결혼관과 가치관이 많이 바뀌었다. 학부생 때는 당연히 20대에 결혼할 것으로 생각했다. 무엇보다 20대 초중반까지는 주위에서 하는 말들을 비판적으로 걸러 내지 못하고 그대로 듣고 담아두는 경향이 있었다. 대학원에 들어갔을 때도 어느 교수님이 농담처럼 흘려 했던 "여자는 대학원 때 결혼 못 하면 나중엔 더 힘들어."라는 말을 듣고 '아, 정말 그런가?' 하고 생각했다. 하지만 결과적으로 나는 박사과정 때는 결혼을 안(못) 했고 박사 졸업 후에는 해외 포닥을 준비하면서 조금 더 상황이 복잡해졌다. 나이는 서른이 넘었는데 공부를 더 하러 해외를 나갔다 오겠다고 하니 이해하지 못하는 사람들도 있었다. 게다가 해외로 나가서 정착해볼 생각이었다. 그러다 보니 당시 연애는 이별을 전제로 시작하는 조금은 특수한 상황이었다. 그렇게 서른세 살에 호주로 넘어와서 지금의 약혼자를 만나게 되었고 남들보다는 조금 느리게 안정적인 단계에 접어들게 되었다.

학계에 있다 보면 한번쯤은 장거리로 지내야 하는 시기가 있다

하지만 투 바디 프라블럼은 이제 시작이다. 나와 약혼자의 경우는 둘 다 물리학을 전공했고 둘 다 학교에서 평생 연구를 하는 것이 희망 사항이다. 내 약혼자는 호주에서 박사를 했기 때문에 호주가 아닌 곳으로 해외 포닥을 가야 하는 상황이 됐다. 그렇게 2년간의 장거리 연애를 시작하게 됐다. 그리고 그 2년 후에는 같은 도시에서 교수를 하기 위해 또 엄청난 노력이 필요할 것이다.

여기서 잠시 투 바디 프라블럼으로 인해 같은 학교로 부부가 임용된 사례를 이야기하려고 한다. 개인적으로 한국과 해외에서 이를 받아들이는 느낌이 달랐다. 한국에서 부부가 교수로 같은 학교에 채용되면 둘 중 한 명이 더 실적이 좋은 다른 한 명의 이득을 보았다고 생각하는 경향이 크다. 그리고 그 과정에서 요즘 아주 예민한 '공정성'을 건드리게 된다. 그래서 여러 골칫거리를 피하려고 부부를 임용하는 것을 피하면 피했지 선호하는 분위기는 아니라고 느꼈다.

해외는 조금 다른 것 같다. 미국, 캐나다, 호주 등에서 조교수를 임용할 때는 이 사람이 그 도시에 정착할 것인가를 어느 정도는 고려하는 것 같았다. 스타트업 펀드도 주고 학교에서 여러 지원을 해주었는데 몇 년 뒤 떠나는 것보다 학교와 같이 성장한다면 좋지 않겠는가. 하지만 이미 영어권 국가에 있는 이상 지원자들도 선택지를 넓게 가지고 있고 또한 잘나가는 연구자일수록 이직의 기회도 많다. 이런 배경 때문에 부부 임용은 둘 다 안정적으로 학교에 남을 확률을 높인다. 시드니에 내가 있었던 학과에도 부부 교수가 있었고 멜버른대학교의 내가 있는 학과도 2018년에 젊은 부부를 동시에 임용했다. 내 동료였던 포닥도 최근에 캐나다의 작은 대학교에 아내와 함께 자리를 잡았다. 둘 다 같은 학교 또는 같은 지역에서 교수가 되는 것은 상대적으로 한국에서 어렵기는 하다. 지금 글을 읽고 있는 독자들의 상황이 허락한다면 한국 밖으로도 선택지를 넓혀보기를 추천한다.

학계에서 투 바디 프라블럼은 한번쯤은 장거리로 지내야 하는 시기가 있다는 점, 그리고 같은 도시에 정착하게 되더라도 둘 다 일하는 시간이 나인 투 파이브9 to 5가 아니라는 점도 알아두면 좋다. 초반에 우리 커플은 매일 자정까지 진행하는 프로젝트를 하면서 서로 친해지게 됐다. 그 후에는 매일 연구만 하는 생활에 조금 지쳤고 그러면서 자주 싸웠다. 눈을 뜨고 있는 대부분의 시간은 연구와 관련된 어떤 일을 하고 있었다. 따라서 연구에서 오는 압박과 스트레스가 관계에 영향을 미치지 않도록 하는 점도 중요하다. 투바디 프라블럼 이야기는 이어서 3장 유두희 박사님의 에필로그에서도 들어볼 수 있다.

19

그밖의 작지만 중요한
것들은 무엇이 있을까

이메일 쓸 때 너무 격식에 얽매이지 마라

지도교수에게 이메일을 보낼 때 정중하면 좋기는 하지만 너무 격식을 차리느라 진을 빼지는 않았으면 한다. 이메일 형식을 지키는 것은 어느 정도 중요하다. 그렇다고 너무 예의를 갖출 필요는 없다고 생각한다(하지만 지도교수가 격식과 예의를 신경쓰는 사람이라면 학생으로서는 거기에 따를 수밖에 없겠다). 이메일에서 가장 중요한 것은 내용이다. 어차피 학생도 지도교수도 바쁘다. 이메일은 의사소통의 수단일 뿐이다.

그럼에도 불구하고 한국에서는 아직 격식을 차리는 분위기가 있다. 어느 한 대학교에서는 교수님께 이메일 보내는 법을 공지사항으로 올려두기도 했다. 제목, 서론, 본론, 마무리로 이루어진 이메일 예시가 개인적으로는 조금 과하다는 생각도 든다. 그래도 로마에서는 로마법을 따를 수밖에.

현재까지 한국 학생들에게 받아본 이메일은 굉장히 정중하고 내용이 길었다. 내가 답장을 까먹었을 때나 도움이 급하게 필요할 때조차 웬만하면 재촉 이메일을 안 보낸다. 교수님의 시간을 최대한 안 빼앗고 스스로 해결하려고 한다는 느낌을 받았다. 반면 외국 학생들에게는 자신의 이메일을 읽어보았는지 확인해달라는 이메일을 좀 더 자주 받는다. 답장이 없는 이메일에 관해 확인을 요청하는 이메일을 귀찮아하는 사람은 없을 것이다. 나 같은 경우는 내가 까먹은 것을 다시 알려줘서 오히려 고맙다. 특히 학생 입장에서는 지도교수의 관심과 지도를 받을 권리가 있다. 학생한테 쓰는 시간을 아까워하는 사람이라면 지도교수로 자격이 없다. 지도교수에게 도움을 받아야 한다면 당당하게 요청하자.

완벽주의가 스스로의 발목을 잡을 때도 있다

나는 항상 어느 정도의 완벽주의를 가지고 있었다. 정도가 다를 뿐 완벽주의를 가지고 있는 사람들은 꽤 많다. 대학원 1년 차에는 문자에 오타가 있는 것도 싫어할 정도로 (지금은 오타가 많다) 강박증 비슷한 것이 있었다. 첫 출간한 논문은 오타를 찾기 위해 몇 번을 다시 읽고 다시 읽었다. 발표 준비는 내가 할 수 있는 최선을 다하기 위해 있는 시간을 다 쏟아부었다. 꼼꼼하면 꼼꼼할수록 좋다고 생각했고 그래서 한동안 완벽주의를 버리지 못했다.

하지만 지금은 어느 정도 완벽주의를 버리는 것이 중요하다고 생각한다. 완벽주의를 어떻게 정의하느냐에 따라 다를 것이다. 원래 실수가 많은 타입이라면 이 에피소드는 그냥 넘어가 달라. 하지만 본인이 생각해도 과도하게 일의 완성도에 집착하는 스타일이라면, 일단 완벽주의는 장점이 아니라 스스로의 발목을 잡는다는 것을 알아야 한다.

커리어가 한 단계 한 단계 올라가면서부터 완벽주의가 점점 더 발목을 잡는다. 시간관리와 우선순위가 중요한 것은 당연하다. 하지만 완벽주의는 이 두 가지를 모두 어렵게 만든다. 사소한 것마저 완벽하게 끝내고 싶어하면 우선순위와 상관없이 모든 일에 에너지를 쏟아붓게 된다. 그러다 보면 시간관리는 당연히 안 된다.

우선순위를 정하고 시간을 배분해야 한다

자신에게 정말 중요한 일이 무엇인가? 가장 우선순위가 높은 것을 위한 시간을 일단 확보한 후에 나머지 일들에 시간을 할애하자. 그러고 나면 각 업무(과제)당 할애할 수 있는 시간이 대충 나온다. 준비하는 논문의 개수도 석사 때보다 계속해서 늘어나기 때문에 하나하나 오타 검사를 하기에는 시간이 너무 많이 든다(물론 한 번 정도는 해야 한다. 전에는 오타에 매달린 나머지 프린터로 뽑아서 펜으로 줄을 그어가며 완독

해서 수정한 후에야 제출했다). 지금은 오타가 있어도 그게 논문 출간을 좌지우지하지는 않는다는 것을 되새기며 내용이 완성되면 제출한다.

완벽주의를 벗어나는 데 도움이 된 계기는 개그맨 유세윤이 한 말이었다. 어느 한 예능에서 진행자가 그에게 「이태원 프리덤」 노래도 만들고 어떻게 그렇게 많은 활동을 했는지 질문을 했다. 유세윤이 한 대답은 이거였다.

"약간 찜찜할 때 그냥 (음반을) 내요."

나도 지금은 내 꼼꼼함의 기준을 꽉 채우지 않았을 때 일단 제출한다. 일단 제출 후에도 얼마든지 수정 기회는 있다. 자신의 연구에서는 최고를 지향하되 행정적인 부분은 어느 정도 완벽주의를 버리자.

20

과연 잘할 수 있을까
고민하지 말고 도전하라

"자리가 사람을 만든다."

이 흔한 클리셰는 좋은 의미로도 나쁜 의미로도 사용되는 것 같다. 그런데 이 말을 자신의 실생활에 적용해보면 생각보다 더 의미가 있는 말이 될 것이다. 혹시 지금 도전해보고 싶은 자리가 있는데 '내가 잘할 수 있을까?' 하는 생각이 든다면 더더욱 그렇다. 그 자리에 처음부터 딱 맞아떨어지는 사람은 절대 없다는 것을 기억하자.

일단 하면 나머지는 저절로 될 것이다

2018년 당시에 나는 박사 후 연구원이었는데 펠로십이나 여러 상을 받기 위해서 중요한 요소 중의 하나가 리더십을 증명하는 일이었다. 그러던 중 눈에 들어온 것이 당시 생긴 지 얼마 안 된 시드니 광학 커뮤니티OSA Sydney Local Section였다. 그 광학 커뮤니티에서 작은 직책이라도 맡아서 시작하면 커리어에 좋은 발판이 될 것 같았다.

그 순간 누구에게나 그렇듯이 나에게도 '과연 내가?'라는 부정적인 목소리가 맴돌기 시작했다. '영어로? 그것도 과학 내용도 아닌 주제들에 대해서 회의를 한다고?' 해외 포닥을 몇 년 했다고 해서 영어가 아주 유창하지는 않았다. 자기 연구 분야에 대해서 편하게 이야기할 정도가 될 뿐이다. 주제에서 한창 벗어나면 또 벙어리가 되기 십상이다. 그때 마침 나를 구제해준 다른 목소리가 들렸다. '일단 그 자리에 들어가면 나머지는 저절로 알아서 될 거야.'

그 후 광학 커뮤니티의 대표를 맡고 있던 분에게 연락했고 때마침 사람이 정말 필요하다는 것도 알게 되었다. 나는 바로 서기관 역할을 맡게 됐다. 예상대로 첫 미팅부터 순탄치 않았다. 위원회에 있는 사람들은 유럽의 다양한 억양을 가지고 있었고 미국식(그것도 사실 동부지역에 국한된) 발음에 익숙한 한국인 나는 듣지 못하고 놓치는 말이 수두룩했다. 게다가 숨은 복병이 있었다. 줄임말들이었다. 다른 단체의 이름들을 언급할 때 모두 줄임말을 쓰다 보니 대체 어디까지가 줄임말인지, 아니면 내가 모르는 단어인지 감도 못 잡았다.

그런 까닭에 초반 미팅에서는 대화 중간중간에 계속 되물을 수밖에 없었다. 그러기를 몇 개월, 나는 시드니뿐만 아니라 호주 전체에서 광학과 물리 커뮤니티들에 대해 속속들이 알 수가 있었다. 내가 모임에 적극 참여하지 않았다면 시간이 지난다고 해서 저절로 알게 되는 내용이 아니기에 값진 경험이었다. 그 이후에도 비슷한 상황을 겪게 되었고 처음 마주하게 된 두려움이 나중에는 편안함의 일부가 됐다.

내가 든 예들은 누군가에게는 조금 먼 이야기처럼 들릴 수도 있다. 하지만 그런 기회가 찾아왔을 때 지레짐작으로 미리 포기하지 않기 위해서는 부정적인 생각이 자신의 선택을 어떻게 좌지우지하는지를 미리 인지해두는 것이 중요하다. 특히 지금 바로 그 선택의 갈림길에 있다면 일단 도전을 하자.

너무 유명한 대학교라거나 대가 교수 그룹이라 어차피 떨어질 것 같은 생각이 혹시 드는가? 여기서 확실한 건 단 한 가지다. 지원을 하지 않으면 붙을 확률은 0퍼센트라는 것이다. 새로운 연구 프로젝트 아이디어가 있는데 다른 그룹들과 공동연구를 끌어내야 하는 상황에 있을 수도 있다. 그럴 때 내가 그런 짬이 될까 하는 소심한 생각이 드는가? 처음부터 리더의 자리가 편한 사람은 아무도 없다. 우리는 대부분 자신은 과소평가하고 타인은 과대평가한다. 내가 과연 자격이 있을까 생각이 드는 일이라면, 오히려 그 일에 꼭 도전해보자. 이건 나한테도 다시 한번 되새기는 말이기도 하다.

어려운 문제를 풀면서 성장한다

멜버른에 겨울이 찾아왔다. 책을 준비하는 동안 사계절이 지나갔다. 멜버른대학교 전자과 건물 4층 공간을 실험실로 배정받았다. 이제는 제법 구색을 갖추어간다. 코로나19 때문에 지연된 박사과정 학생들도 이제야 한두 명씩 뽑을 수 있게 됐다. 아마도 올해에는 제대로 된 그룹이 꾸려질 것이다. 처음에는 영 어색하던 멜버른이라는 도시도 시간이 흐르니까 조금씩 내 집처럼 느껴지기 시작했다. 나는 어떤 도시가 익숙해지는 데 1년이라는 시간이 항상 필요했던 것 같다.

조교수 생활을 시작하면서 많은 변화를 겪었다. 포닥으로서 가지고 있었던 일의 양에 몇 가지 일이 더 더해졌다. 거기에다가 책임감의 무게는 더 무거워졌다. 특히 박사과정 학생들을 잘 지도하고 싶은 욕심도 크다. 이를 어떻게 해결해나가야 할지 생각이 많아진다. 매니지먼

트나 리더십에 관한 책들이 과학자와는 관련이 없을 줄 알았는데 또 이렇게 연결이 된다.

물리학 분야에서 여성 과학자로, 아시아인으로, 외국인으로 호주에서 내 연구 그룹을 시작하게 되다니. 어쩌다 보니 매번 소수 집단에 속해 있었던 것 같다. 학창 시절은 가난한 학생으로, 박사과정 내내 그룹 내 유일한 여자로, 호주에 오니 또 외국인으로. 그렇게 지내다 보니 차별이라는 주제에 대해 더 민감해지고 지속적으로 주시하게 되었다. 개인적으로 할 수 있는 것은 나 같은 사람의 이야기를 사람들에게 많이 전해주는 것이다. 가끔 "물리 할 것 같지 않아 보인다." "교수로 안 보인다."라는 말을 듣는다. 어떤 사람들은 그런 말에 기분이 상할 수도 있다. 하지만 나는 내가 그 스테레오 타입을 깨는 역할을 했기 때문에 다행이라고 생각한다. 물리학이 유난히 더 그렇다. 물리 하면 아마도 아인슈타인이나 미국 CBS 드라마 「빅뱅 이론」의 셸든이 떠오르지 않는가? 하지만 평범해 보이는 과학자들이 실제는 더 많다.

어렸을 적에는 서른 중반이면 완전히 어른일 것으로 생각했다. 그런데 어째 여전히 어른이라는 생각이 들지 않는다. 다행인 것은 나만 그런 것은 아닌가 보다. 친구들이나 나보다 훨씬 어른인 사람들도 20대 중반에 시간이 멈춘 것 같다고 말하는 것을 들었다. 그만큼 여전히 20대처럼 앞으로 이루고 싶은 것도 많고 하고 싶은 것도 또 걱정거리도 많다. 삶에 대해서도 여전히 고민이 많다. 가끔은 안정적이고 편안한 생활을 하고 싶다가도 그다음에는 또 도전적이고 모험적인 삶을 살고 싶다. 멜버른에 정착하고 싶다가도 기회가 되면 또 다른 어딘가를 내

도시라 여기며 살아보고 싶다. 적어도 서른여덟 살의 나는 여전히 꿈꾸고 도전하는 삶을 동경하고 있다. 언어도 다양하게 익히고 싶다.

나는 학창 시절에 장승수 님의 『공부가 제일 쉬웠어요』라는 책을 읽으면서 고난을 딛고 성공하면 더 많은 사람에게 감명을 줄 수 있다는 걸 깨달았다. 세상은 공평하지 않고 출발선은 다르다. 불평한다고 바꿀 수 있는 것도 없다. 하지만 출발선이 어디였는지 관계없이 얼마나 오랫동안 멀리 달릴 수 있는지 그 절대적인 총량만을 생각하면 좋겠다. 아마도 나중에 가장 후회되는 것은 '내가 가지지 않은 것'에 대한 것이 아니라 '내가 할 수 있었는데 하지 않은 것'일 것이다. 그래서 독자들도 대학원, 그리고 포닥에 이어지는 길고 긴 여정도 자신의 잠재력을 모두 확장하는 기회로 삼기를 바란다. 연구에서도 최고를 지향하고 그 과정에서 오는 힘든 일들도 하나하나 풀어나가면서 성장해 있는 나를 발견하면 좋겠다. 포기하고 싶을 만큼 어려운 문제일수록 반드시 그 이후에 나를 더 성장시킬 것이다.

2장

미국 유학 9년 만에
경영학과 교수가 된 이야기

· 윤은정 교수편 ·

대학원에서 얻게 된
달곰쌉쌀한 삶의 교훈들에 관해

처음 박사후보자격시험qualifying exam 또는 comprehensive exam에 떨어지고 난 후의 충격은 상상 이상이었다. 공부하는 사람 또는 대학원생으로서 나의 정체성을 모두 박탈당한 기분이었다. 대학원생이 아닌나는 누구인가? 박사과정이 아닌 나는 누구인가? 내가 이토록 연구에대한 열망이 큰 사람이었나?

내 의지가 아니라 외부 환경에 의해 잠시 쉬어가게 된 그때 인생을참 많이 배운 것 같다. 스물일곱 살. 유학 오기 전의 원점으로 다시 돌아가서 '취업 대 대학원'을 다시 고민하게 됐다. 나는 여전히 공부하는 사람으로서의 내가 좋았고 대학원생이라는 소속감을 되찾고 싶었다. 박사후보자격시험에 떨어진 사람이 다시 박사과정에 도전한다는것은 생각보다 훨씬 복잡하고 머리 아픈 일이었다. 주변의 수많은 의

심들, 왠지 낭비해버린 것 같은 시간들, 또 시험에 떨어지지는 않을까 하는 불안감……. 그래도 나는 확신했다. 나는 꼭 대학원에 있어야 하고 공부를 해야 하는 사람이라고. 나의 정체성을 되찾고 싶었다.

나는 다시 박사과정에 지원하게 됐고 가장 가고 싶었던 대학원 과정에 합격했다. 주변의 수많은 걱정과 의심이 틀렸다는 것을 보란 듯이 증명했다. 다시 하게 된 박사과정에서 그전보다 훨씬 더 여유로웠다. 여유를 찾게 되면서 그전에 실패한 박사과정에서의 나를 조금씩 객관적으로 돌아볼 수 있었다. 나는 그저 잘 '못하는 사람'이었을 뿐 '못난 사람'은 아니었다. 그때의 내가 부끄럽기는커녕 인생에서 자신을 극한으로 밀어붙이며 죽기 살기로 도전했는데 실패한 내가 정말 멋졌다.

새로 입학한 학교에서도 크고 작은 실패를 경험했다. 지도교수Advisor에게 크게 혼나기도 했고 사람에게(또 사랑에게) 상처를 받기도 했고 잡마켓job market 직전에 논문이 거절되기도 했고 생각보다 교수직 인터뷰 요청이 많이 오지 않아 견딜 수 없는 불안감과 우울증에 정신과 상담을 받기도 했다. 하지만 나는 언젠가는 이 어두운 터널이 끝날 것이고 꼭 잡오퍼job offer를 받으리라는 것을 확신했다. 나는 약 100개의 학교에 원서를 보냈고 2018년 12월 4일에 현재 근무하는 메리워싱턴대학교University of Mary Washington의 오퍼 수락 레터에 사인을 했다. 2010년에 유학 와서 이 오퍼 수락 레터에 사인하기까지 9년이라는 시간이 걸렸다. 남들은 5~6년이면 되는 시간을 난 약 두 배가 걸린 것이다.

나는 현재 메리워싱턴대학교에서 마케팅 조교수Assistant Professor of Marketing로 근무하고 있다. 박사과정을 졸업했다는 사실만으로, 교수라는 꿈을 이루었다는 것만으로 정신적으로 육체적으로 아주 건강해졌다. 임용된 이후에도 천천히 많은 성과를 이루고 있다. 강의 평가는 매 학기 업그레이드되었고, 학교 내에서 주어지는 펠로십에도 선정되어 2만 4,000달러 정도의 연구비를 받게 되었다. 또한 최근에는 2년 안에 박사를 받은 조교수들 중 매년 단 한 사람의 우수 연구자에게만 주는 JCP**Journal of Consumer Psychology**의 '최우수 논문상**Early Career Contributor Award**'을 받았다. 이러한 성과들은 강의와 연구로 바쁜 나날들을 보내는 나에게 다시금 하루하루 열심히 살게 하는 원동력이 되고 있다. 나는 이 책을 통해 똑똑하지만 근거 없는 두려움에 시간을 낭비하는 젊은 친구들에게 내 이야기를 들려주고 싶었다. 실패했지만 '존버'하면 언젠가는 끝이 난다고 얘기해주고 싶었다. 그래서 유튜브 채널 '교수언니'를 시작하게 됐다. 이 책을 쓰고 있는 시점에 나는 약 2만 5,000명 정도의 구독자들과 영상들을 통해 소통하고 있다. 그러면서 많은 사람이 대학원 진학이나 공부 과정에서 왠지 모를 두려움에 시작조차 못 하고 있다는 것, 남의 시선이 인생의 중요한 의사결정에 큰 영향을 미친다는 것, '카더라 통신'에 자기 인생을 맡기고 있다는 것을 알게 됐고 안타까웠다.

　나는 이 책을 통해 내가 경험한 대학원 생활의 실패와 성공 그리고 이러한 경험을 통해 얻게 된 달콤쌉쌀한 삶의 교훈들에 대해 나지막이 얘기해보고자 한다. 지금 대학원 진학을 고민하는 사람들 그리고 대학원에서 불확실한 미래와 알 수 없는 괴로움으로 힘들어하는 대학원생들에게 따뜻한 위로를 전하고 싶다. 거의 다 왔다고. 잘하고 있다고.

1

'과거의 나'에 '미래의 나'를
맡기지 말자

"공부 잘하셨나 봐요.""머리가 좋으신가 봐요."

내가 교수라고 자기소개를 하면 사람들이 하는 말이다. 기분 나쁜 오해는 아니기에 그냥 웃고 만다. 사실 나도 한국에서 학부를 다닐 때 교수님들이 한없이 대단해 보였고 나와는 다른 세계에 사는 분들이라고 생각했다. 하지만 지금 교수가 된 나와 주변의 교수 친구들을 보면 꼭 엄청나게 똑똑한 사람만이 교수가 되는 것은 아닌 것 같다.

시작이 반이니 일단 무엇이든 시작해보자

내 학부 시절을 돌아보면 나는 지극히 평범한 학생이었다. 아마 나를 기억하는 동기들도 만약 내가 미국에서 교수가 됐다는 소식을 들는다면 "걔가? 어떻게?"라는 말이 먼저 나오지 않을까?

나는 한국의 여느 고3들처럼 지옥의 학창 시절을 보냈고 대학에 입학하자마자 자유를 만끽했다. 신입생 때는 학교에 가는 것 자체가 그저 재미있었다. 학업에 흥미를 느꼈다기보다 동기들과 어울려 시간을 보내는 것 자체가 정말 즐거웠다. 하지만 2학년, 3학년이 된 후로 슬슬 졸업 후 진로가 걱정되기 시작했다. 2학년 2학기 때 아주 열심히 캠퍼스의 낭만을 즐긴 결과 학점이 3.0 이하로 떨어졌다. 그때 현타가 오기 시작했다.

'이 한심한 인간아, 너 뭐 해 먹고 살래? 어디 취업은 할 수 있겠니?'

정신을 차린 후 주변을 돌아보니 동기들은 나보다 훨씬 더 앞서 나아가 있었다. 경영대학 게시판에 누가 딘스 리스트Dean's list에 뽑혀서 장학금을 받았다는 소식, 페이스북에 올라오는 친구들의 공모전 수상 소식, 열심히 아르바이트해서 유럽으로 한 달 동안 배낭여행을 간다는 친구의 소식, 대기업에서 인턴십을 하는 동기의 소식 등 이런 소식을 볼 때마다 한없이 작아지면서 그렇게 나 자신이 한심할 수 없었다.

난 뭘 잘할 수 있을까? 그렇게 많은 전공과목과 교양수업을 들었는데도 좋아하는 게 무엇인지 아직도 모른다는 것이 말이 되는가? 무엇이 잘못됐을까?

일단 무턱 대고 뭐라도 시작해보기로 했다. 대학 캠퍼스에 항상 비치돼 있었던 『대학내일』을 매주 가져와서 열심히 모집 공고를 찾아보며 이력서에 한 줄이라도 채울 수 있는 것들은 다 지원해보았다. 처음에는 경력이 전혀 없었기에 숱하게 탈락했다. 하지만 대학생 마케터로서 경험을 쌓고 나서 이력서에 채우고 나니 그다음은 쉬워졌다. 하이트, 샤프전자 등 대학생을 대상으로 하는 대기업에서 모집하는 마케터도 하고 대학생 연합 경제경영 동아리에서 멤버로 활동하며 교내에서 경험하지 못한 새로운 경험을 쌓았다. 하지만 시간이 지날수록 그저 이런 활동들은 전국 연합 동아리에 불과한 느낌일 뿐 커리어에는 크게 도움이 될 것 같지 않았다. 내 미래에 대한 불확실성과 불안감은 크게 해소되지 않았다.

편협한 생각을 버리면 여러 기회를 얻는다

그러던 중 학교에서 겨울방학 동안 대학원생들과 특정 주제에 관한 논문을 리뷰하며 공부하는 스터디 그룹을 모집한다는 공고를 보게 됐다. 나는 그 주제에 대해서 전혀 아는 게 없었지만 막연하게 '대학원'이라는 곳은 어떤 곳일까 하는 호기심에 시작하게 됐다. 겨울방학에는 분명 형식적으로 토익학원이나 다니면서 게으르게 지낼 것이 분명했기에 외부적인 장치에 나를 맡기고 싶었다.

스터디 그룹은 내 예상보다 훨씬 흥미로웠다. 물론 리뷰하는 논문들은 어려웠다. 하지만 논문이라는 것이 무엇이고 연구는 어떻게 하는지를 간접적으로 배울 수 있었다. 나는 점점 연구라는 것에 조금씩 흥미가 생기기 시작했고 대학원이라는 곳에 관심을 두게 됐다. 하지만 그때까지만 해도 내가 미국에 유학을 가게 되고 교수까지 할 것이라고는 생각도 못 했다.

　지극히 평범한 내가 학부 시절 여러 경험을 하면서 느낀 점은 '경험해보기 전까지는 모른다You never know before you experience it.'라는 것이다. 내가 연구에 전혀 관심이 없고 생소하다고 해서 겨울방학 스터디 그룹에 지원을 안 했다면 지금쯤 무엇을 하고 있을까? 연구라는 단어가 주는 편견(예를 들면 어려움 또는 지루함)을 그대로 받아들였다면 적성이 맞는다는 것을 몰랐을 것이고 인생은 다른 방향으로 펼쳐졌을지도 모른다. 또 학부 때 학점이 그저 그렇다고 해서 대학원을 포기했다면 지금의 나는 무엇을 하고 있을까? '학점이 낮은 사람은 대학원을 못 갈 거야.'라는 편협한 생각에서 벗어나지 못하고 지금까지 내가 얻은 수많은 기회를 누리지 못했을 것으로 생각한다.

　평범한 사람도 편협한 생각을 버리면 여러 기회를 얻을 수 있다. 지금까지 내가 쌓아온 커리어가 마음에 들지 않고 그저 그런 사람이라고 스스로를 평가한다면 그것도 괜찮다. 하지만 분명히 기억해야 할 것은 우리가 마음먹은 순간, 모든 것은 기회가 된다. 우린 이 기회를 잡아서 앞으로 나아갈 수 있다. '과거의 나'에 '미래의 나'를 맡기지 말자.

2

남들 말 듣지 말고
무모해도 도전해보자

    나는 겨울방학에 교수님과 대학원생들과 스터디 그룹을 한 후 자연스럽게 대학원에 관심을 두게 됐다. 그 후로 학부 연구원으로 일하게 되었고 학사와 석사 연계 과정으로 동 대학원에서 석사과정까지 진학했다. 대학원 생활을 하면서 교수님들의 삶을 가까이서 볼 수 있었고 막연히 교수라는 직업에 대한 동경이 생겼다. 강의하고 연구하는 직업에 대한 호기심이 생긴 것이다.

용감한 정신으로 유학 준비를 했다

    그때부터 박사과정 진학에 대해서 알아보기 시작했다. 나는 그때 취미로 자기계발서를 많이 읽었는데 흥미롭게 본 책 중의 하나가 『너의 무대를 세계로 옮겨라』였다. 이 책의 저자인 안석화 대표는 연구하는 사람은 아니었지만 마케터로서 글로벌 무대에서 고군분투하며 멋진 삶을 사는 여성이었다. 나는 막연하게 그 책의 저자처럼 내 20대의 반은 한국이 아니라 다른 나라에서 멋지게 살고 싶다고 생각하게 됐다. 지금 생각하면 조금 유치하면서도 허무맹랑하게 느껴진다. 어쨌든 나는 지금 미국에서 교수로 일하면서 방학을 맞이해 한국으로 휴가를 가는 비행기 안에서 이렇게 글을 쓰고 있다.

내가 유학을 결심했을 때 주변에서는 걱정을 많이 했다. 그때만 해도 우리 학교에서 유학을 간 선배들이 다른 학교와 비교해 많이 없었다. 그러다 보니 박사 유학에 대한 정보를 쉽게 구할 수가 없었다. 그때까지만 해도 미국 경영학 박사 입학허가서admission를 받기가 그렇게 힘든 줄 몰랐다. 경영학과 박사과정은 대부분 입학허가서가 전액 장학금과 함께 나온다는 사실조차 몰랐다. 유학 비용이 고민이었지만 그건 일단 입학허가서를 받아놓고 생각하자는 아주 무모하고도 용감한 정신으로 계획대로 유학 준비를 진행했다.

남들이 말하는 카더라 통신을 무시했다

내가 유학을 결심하고 주변에 알렸을 때 두 가지 반응이었다. 우선 가족들은 나를 믿고 전폭적으로 지지해주었기에 마음 편히 유학 준비를 할 수 있었다. 그 외에 친구들을 포함한 주변인들은 일단 걱정 어린 시선을 보냈다. 그들의 걱정들을 다시 떠올려보면 '지금 유학 나가면 결혼은 언제 하려고 하냐.' '돈이 많이 들 텐데 어떻게 하려고 하냐.' '부모님 등골 브레이커 하려고 작정했냐.' '미국 유학을 가도 교수 자리가 보장되는 게 아니다. 시간 낭비를 하는 게 아니냐.' '국내 박사 해도 교수할 수 있다. 뭐 하러 나가서 고생하냐.' 등등 지금 교수가 되고 되씹어보니 이러한 조언을 해준 사람 중 실제로 미국에서 박사과정을 해본 사람은 단 한 사람도 없었다. 그리고 그들의 조언을 하나하나 따져보면 대부분 카더라 통신에 근거한 조언이 많았다. 당시 나는 입학 허가서를 받을 수 있을지조차 모르는 상황에서 졸업 후의 먼 미래까지 걱정하고 싶지 않았다. 또한 내가 이런 카더라 통신을 무시할 수 있었던 것은 미국에서 박사를 간절히 하고 싶었기 때문이다. 실패해도 내가 하고 싶었고 후회해도 내가 하고 싶었다.

나는 이러한 카더라 통신의 홍수 속에서 실제 미국에서 박사과정을 하는 사람의 조언이 절실했다. 그러던 중 지도교수님 소개로 학부 선배가 미국에서 박사과정 중에 있다는 소식을 듣게 됐다. 선배에게 연락해서 유학에 대한 실질적인 정보를 얻을 수 있었다. 나중에 그 선배가 말하길 그동안 수많은 후배가 연락을 해왔는데 생각보다 금방 유학을 포기했고 끝내 연락이 안 되는 경우가 많았다고 한다. 그래서 나도 비슷할 것으로 생각했는데 매달리고 적극적으로 도움을 요청해서 많이 놀랐다고 했다. 내가 그렇게 집요할 수 있었던 건 정말 경영학 박사 입학허가서를 받고 싶었기 때문이다. 실제로 나는 인터넷에서 입학허가서 레터 이메일을 찾아서 그 내용을 고친 후 내 이메일 주

소로 보냈다. 그리고 마치 내가 실제로 입학허가서를 받은 것처럼 그 이메일을 열어보고 상상하며 기뻐했다. 이 방법은 나에게 꽤 효과가 있었다. 아침마다 희망에 가득 찬 마음으로 하루를 시작할 수 있었다. 자기 전에도 꿈이 현실이 되는 상상을 하며 설레는 마음으로 잠자리에 들었다. 나는 그렇게 간절했다.

3

끝까지 포기하지 않는다면
할 수 있다

유학 준비를 해본 사람은 모두가 공감하겠지만 유학을 가기로 결심한 순간부터 준비 과정은 정말 길고도 지루한 자기와의 싸움이다. 지원할 학교를 알아보는 것부터 필요한 영어 성적과 각기 다른 서류 준비까지. '과연 내가 정말 할 수 있을까?' 하는 막연한 불안감이 엄습해오는데다 토플은 왜 이렇게 점수가 생각처럼 안 느는 건지. 매일 전쟁 같은 나날의 연속이었다.

도움이 될 만한 외부 장치들을 만들어라

주변에 유학 간 사람이 아무도 없었다. 나는 정말 막연한 나날을 보내고 있었다. 그러던 중 온라인 유학 관련 커뮤니티에서 지방대 출신이지만 풀브라이트Fullbright 장학금을 받고 펜실베이니아대학교 University of Pennsylvania에 합격해서 언어학과 박사과정 입학허가서를 받았다는 글을 보게 됐다(이 분은 현재 청주대학교 영문과에 재직 중인 이용철 교수이다. 이 책을 통해 감사의 말씀을 전한다). 그는 온라인 커뮤니티에서 셀럽과 같은 유명인이었다. 나는 지푸라기라도 잡는 심정으로 댓글을 남기고 이메일을 보냈다. 유학을 준비하고 있고 꼭 입학허가서를 받고 싶은데 너무 막연해서 꼭 도움을 받고 싶다고 썼다. 너무나 감사하게도 답장을 받게 됐다. 그분은 유학 준비할 때의 노하우를 많이 알려주었다.

유학 원서 준비에 서서히 박차를 가하면서 토플 준비도 본격적으로 준비하기 시작했다. 나는 무언가를 시작하면 극단적으로 하는 경향이 있다. 그때 이렇게 결심했다. '원하는 토플 성적이 나올 때까지 친구들과 연락을 끊고 만나지 말아야지!' 이 결심을 지키기 위해서는 첫 번째로 휴대폰을 없애야 했다. 나는 의지가 엄청 강한 편은 아니다. 대신 나에게 도움이 될 만한 외부 장치들을 하나씩 만들어가면 의지가 강해진다는 것을 알았던 것 같다.

끝까지 포기하지 않는 것이 중요하다

처음부터 토플을 혼자 준비하기가 쉽지 않았다. 나는 유명한 강남 모 학원에 다니기 시작했다. 두 달 정도 다니다가 학원을 왔다 갔다

하는 시간이 아깝게 느껴졌다. 어느 정도 문제 유형이 파악되었기에 혼자 공부하기로 했다. 토플 준비 기간에는 토플에만 몰두했다. 이렇게 3개월 정도 공부했을 때 내가 원하는 점수가 어느 정도 나오기 시작했다. 하지만 스피킹 점수가 너무 낮았다. 수차례 시험을 봐도 스피킹 점수가 오르지 않아 노선을 변경하기로 했다.

아이엘츠IELTS(국제영어능력시험)는 직접 사람을 만나서 스피킹 테스트를 보기 때문에 점수가 조금 더 잘 나오는 경향이 있다는 정보를 얻었다. 그래서 아이엘츠 준비를 시작했다. 영어 시험을 두 개나 준비하는 것이 꽤 부담스럽게 느껴지기도 했다. 하지만 나는 너무나 간절했고 그렇게라도 해서 상대적으로 낮은 토플의 스피킹 점수를 보완하고 싶었다. 계획해둔 타임라인에 맞게 GRE 준비로 넘어가야 했기 때문에 머뭇거릴 시간이 없었다. 내 계획대로 아이엘츠에서는 스피킹 점수를 목표한 대로 잘 받을 수 있었다. 나는 원서 지원 때 토플과 아이엘츠 시험 점수를 모두 보냈다(물론 비용도 두 배로 들었다).

만약 토플 성적이 학교에서 정한 최소 점수 기준minimum requirement에 미치지 못한다고 하더라도 유학을 절대 포기하지 말라고 이야기하고 싶다. 만약 스피킹 점수가 기준 점수에 1점이 모자라서 지원을 포기한다는 것은 말도 안 되는 일이다. 학교에 따라서 이런 점수를 일단 긍정적으로 고려할 수도 있다. 또 만약 그해에 생각보다 지원자가 많이 몰리지 않는다면 입학허가서를 받을 기회가 올 수 있기 때문이다. 또 시간이 아무리 촉박해도 포기하지 말고 최대한 시험을 많이 보는 것이 좋다. 토플 성적 리포팅이 1~2주 정도 늦어진다고 지원하는 과에 미리 연락해둘 수도 있다. 물론 이 모든 방법이 내가 생각한 대로 긍정적인 결과를 가져오리라는 보장은 없다. 그래도 유학을 준비하는 모든 면에 있어서 끝까지 포기하지 않는 태도가 중요하다. 끝날 때까지 끝난 것이 아니다.

4

GRE 공부를
토 나올 정도로 했다

영어 시험이 끝나자마자 휴식을 제대로 취할 틈도 없이 또 하나의 큰 관문이 기다리고 있었다. 바로 그 악명 높은 GRE. 경영대의 경우 GMAT과 GRE를 모두 받았지만 나는 GRE를 보는 것을 선택했다. 분석적 사고보다 암기에 강했기에 왠지 GRE는 할 만하다는 생각이 들었다.

하지만 역시 누가 쉽다고 했던가. 공부하다가 토가 나올 것 같다고 처음으로 느꼈던 때가 GRE를 준비하면서였던 것 같다. 하지만 유학하며 깨달았다. GRE는 내가 박사과정 동안 해야 할 공부의 예고편이었다는 사실을……. GRE는 유학의 첫 번째 관문이다. 난생처음 보는 생소한 영어들과 토 나올 것 같은 방대한 학습량은 입학허가서Admission를 받아서 대학원 공부를 시작한다면 겪게 될 생경함과 방대한 학습량의 대략 5퍼센트에 불과하다. 내가 박사과정을 다 겪고 난 지금에 와서 생각해보면 입학 가능한 GRE 점수를 받았다는 것은 적어도 대학원 생활을 버틸 최소한의 멘탈을 갖추었다는 훈장을 얻었다는 이야기와 같다.

밥 먹는 시간이 아깝다고 생각할 정도로 절박했다

GRE를 약 4~5개월간 준비했고 여러 번 멘붕을 겪었다. 이때만 해도 한국에서는 GRE iBT 시험을 1년에 4번밖에 볼 수 없었다. 매달 시험을 볼 수 있는 일본에 다녀오려면 항공료와 체류비가 꽤 들어 시험을 보면 잘 보고 와야 한다는 부담이 꽤 있었다. 나는 이때도 학원에 다니면서 준비를 했다. 그 이유는 일단 오랜 기간 혼자 토플을 공부하면서 많이 지쳐 있었기에 같이 공부하면서 힘을 낼 소셜 서포트 social support가 필요했다.

집에서 학원으로 이동하는 시간이 아까워서 근처 스터디 공간이 있는 학원을 선택했다. 수업을 듣고 자습실에서 공부하고 밤이 되어서야 집으로 왔다. 밥 먹는 시간이 아까워서 베이글이나 도넛으로 끼니를 때우는 경우도 허다했다. 가끔 엄마와 언니가 학원으로 와서 밥을 사줄 때도 공부해야 한다는 생각에 빨리 해치우듯 먹었다. 지금 생각해보면 가끔 엄마가 밥을 사주는 날에는 조금 여유를 부렸어도 괜찮았을 것이다. 왜 그랬을까 하고 후회가 남는다. 아마도 내가 그만큼 간절했고 마음이 조급했던 것 같다.

GRE는 크게 언어논증verbal reasoning, 수리논증quantitative reasoning, 분석적 작문analytical writing으로 나뉜다. 언어논증 영역은 결국엔 암기 싸움이었다. 수리논증 영역은 유형 파악이 되고 실수만 하지 않으면 잘할 자신이 있었다. 토플의 스피킹처럼 내 발목을 잡은 건 작문이었다. 단기간에 작문 실력을 늘리는 것은 생각보다 쉽지 않았다. 문법 문제부터 문장 구조까지 내 작문 실력은 아주 형편이 없었다. 나는 작문 영역도 일단 무조건 외워보았다. 그리고 학원 선생님께 최대한 많이 피드백을 받았다. 구조와 문장들을 외우고 나니 점점 작문에도 자신감이 붙기 시작했다.

어느 정도 준비가 됐다고 느꼈을 때 일본 오사카행 비행기 표를 샀다. 처음 가는 일본을 여행도 아니고 시험을 보러 가다니……. 암울했지만 시험을 잘 보고 남은 시간엔 여행 와야지 하는 야무진 꿈을 가지고 비행기에 올랐다. 내 손에는 미리 시험장에 가서 시험을 보고 온 사람들이 남겨둔 '시험장에 찾아가는 법'을 프린트해 둔 종이 한 장이 쥐어져 있었다. 일본어를 한마디도 못 하는 나는 용감하게 공항에서 내려 버스 기사에게 종이를 내밀었다. 여기에서 날 내려달라고 손과 표정으로 이야기했다.

시험장에서 가장 가까운 콤즈호텔에 짐을 풀었다. 방의 크기는 누우면 딱 발이 닿을 정도로 좁았다. 체류비가 부담되다 보니 도시락을 사먹는 것도 아까워서 호텔 앞 편의점에 가서 삼각김밥과 딸기 우유를 사 와서 방에서 먹었다. 그런데 그게 제대로 체해버렸다. 당장 내일이 시험인데 컨디션이 최악이었다. 등 두드려 줄 사람도 없는 코딱지만 한 방에서 혼자 끙끙거리며 손을 따면서 초조하게 시험 전날을 보내야 했다.

그다음 날 아침 여전히 남아 있는 체기와 핏기 하나 없는 노란 얼굴로 시험장에 도착했다. 그래도 최선을 다하자고 다짐했다. 어휘 영역 시험을 시작한 지 얼마 안 됐을 때 아직도 기억나는데 '가너Garner'와 비슷한 단어를 고르라는 문제가 나왔다. 머릿속이 하얘졌다. 도저히 기억이 나지 않았고 시험 보는 내내 당황한 가슴이 진정되지 않았다. 시험이 끝나자마자 점수가 나왔는데 모의고사보다도 더 최악의 점수가 나왔다. 그 단어 하나 때문에 당황해서 모든 시험을 망쳐버리고 만 것이다. 내가 한심하게 느껴졌다. 나는 시험장을 울면서 나왔다. 내 유학의 꿈은 이렇게 끝나는구나…….

마음을 다잡을 수만 있다면 좋은 결과를 얻는다

한국으로 돌아가는 비행기 안에서 창문 밖 바다를 내려다 보았다. '저 바닷속에서 헤엄치는 물고기가 행복할까, 내가 행복할까. 정말 이 지긋지긋한 공부를 또 해야 할까. 내가 생각한 유학 준비 타임라인이 다 엉망이 돼버릴 텐데. 올해 지원은 포기해야 할까. 부모님 얼굴은 어떻게 보지…….' 생각이 끝없이 이어졌다.

공항에 나온 부모님 얼굴을 본 순간 죄송한 마음뿐이었다. 남들이 조언했던 그 '카더라 통신'과 비슷한 길을 걷는 게 아닌가 하는 자괴

감도 들었다. 이대로 포기할 수 없었다. 12월 10일까지 원서를 내야 했다. 11월 말에 마지막으로 한 번 더 시험을 보고 싶었다. 내가 다시 이 시험에 도전하려면 휴식이 필요함을 직감했다. 그래서 적어도 일주일은 아무것도 하지 않고 공부하느라 지친 몸과 마음을 달래며 충분한 휴식을 취했다. 마음은 여전히 불안했지만 공부를 시작했다.

나에게 있는 시간은 딱 한 달이었다. 이 기간에 모든 에너지를 쏟아 치열하게 공부했다. 또 지난번과 같은 실수를 하지 않기 위해서 마인드 트레이닝도 했다. 한 달 후 다시 오사카행 비행기에 올랐고 만족스러운 점수로 시험을 마무리할 수 있었다(어휘 168(730), 수학 170(800) 괄호 안의 점수는 iBT 기준이며 각 영역 만점은 800점). 시험을 보고 나면 시험 점수가 스크린에 바로 나왔다. 난 점수를 보고 마음속으로 환호를 질렀다.

GRE를 준비하는 예비 유학생들에게 꼭 끝까지 포기하지 말고 그 누구보다도 치열하게 하라고 조언하고 싶다. 혼자 외롭게 공부하는 동안 주변의 걱정 어린 성가신 시선들은 일단 무시하자. 그 근거 없는 걱정들을 오히려 발판 삼아 보란 듯이 해낼 수 있다고 마음을 다잡는다면 분명 좋은 결과가 있을 것이다.

5

대학원을 국내와 해외 중 어디서 하면 좋을까

'국내에서 석사를 하고 해외에서 박사를 해도 될까요? 아니면 해외에서 석사학위를 해야 할까요?'

유튜브 채널 '교수언니 윤 – Dr. Yoon'을 운영하면서 구독자들에게 이메일로 가장 많이 받았던 질문 중 하나이다. 나는 국내에서 학·석사 연계 과정을 하면서 크게 고민하지 않았다. 국내에서 석사를 했는데 나중에 미국에서 박사과정을 하면서 '만약 미국에서 석사를 했더라면 내 박사과정은 훨씬 수월하지 않았을까?' '만약 미국에서 석사를 했더라면 지금쯤 나는 조금 다른 위치에 있지 않았을까?' 하고 생각해보기도 했다.

국내 석사와 해외 석사 중 무엇이 좋을까

국내에서 석사를 하는 것의 장점은 첫 번째로 비교적 짧은 시간 안에 내가 연구라는 것에 정말 흥미가 있는지 적성이 맞는지 판가름할 수 있다는 것이다. 만약 여러분이 국내에서 대학원을 가기로 했다면 좋은 네임 밸류를 가진 학교에서 석사학위를 받는 것도 중요하다. 하지만 나는 특정 교수 연구실에 소속돼 적극적으로 연구에 참여해보는 것도 중요하다고 생각한다. 그러면 정말 대학원에 적성이 맞는지와 연구에 흥미를 느끼는지를 알 수 있기 때문이다.

구체적인 방법으로 학회지에 직접 논문을 투고해보는 것을 추천한다. 연구 주제를 선정하는 것부터 투고하는 마지막 단계까지 전체 과정을 경험해볼 수 있고 또 나중에 박사과정에 지원할 때 제출하게 될 애플리케이션 패킷에 쓸 좋은 스토리 라인이 될 수도 있기 때문이다. 연구 경력이 있는 학생이 아예 하나도 없는 학생보다 박사과정에 뽑힐 가능성이 크다.

국내에서 석사학위를 취득하는 것의 또 다른 장점은 미리 유학 간 같은 학교 출신의 선배들과 네트워킹할 기회를 얻을 수 있다는 것이다. 물론 어떤 연구실에 들어가느냐에 따라 달라질 수 있겠지만 내 주변의 경우 같은 연구실 출신들끼리 나중에 학회에서 만나서 잘 어울리고 함께 연구도 하며 서로 도와주는 것을 보면 참 부러웠던 적이 많았다.

국내에서 석사학위를 하는 것의 단점은 아무래도 미국에서 석사학위를 받은 친구들보다 박사과정에 적응하는 데 시간이 더 걸린다는 것이다. 아무리 영어를 잘한다 해도 새로운 환경과 문화에 적응한다는 것은 생각보다 꽤 큰 스트레스였고 학업에 상당한 영향을 미쳤다. 나는 한국의 대학원과 미국의 대학원이 상당히 비슷할 것으로 생각했지만 그렇지 않았다.

해외에서 석사를 하게 되면 방금 이야기한 것과 같이 미리 박사과정을 맛볼 수 있다. 특히 미국에서 학교 다닌 경험이 없는 사람들이 박사과정 전에 적응 기간을 겪는 것은 아주 큰 도움이 되리라 생각한다. 내가 경험한 미국 대학원은 생각보다 한국 대학원과 문화가 많이 달랐기 때문이다. 예를 들면 교수와 소통하는 방식, 조교로서 학생을 도와주는 방식, 학우를 대하는 방식, 이메일 쓰는 법 등에서 많은 차이점을 느꼈다. 이런 차이점들을 석사과정으로 공부하면서 적극적으로 같은 학교 내 교수들, 박사과정 학생들과 네트워킹하면서 조금 더 자세히 알아볼 기회를 만들어갈 수 있다.

해외에서 석사학위를 받는 것의 단점은 단연 비용이다. 정말 드물게 석사에게 주어지는 연구조교RA와 교육조교TA의 기회가 있긴 하지만 박사과정과 비교해 터무니없이 비용이 적다. 또 펀딩의 기회가 입학허가서와 같이 주어지는 것이 아니다. 입학한 후에 직접 펀딩 기회를 찾아야 해서 생각보다 리스크가 크다. 해야 할 공부도 많은데 경제적인 상황에 시달린다면 그 스트레스는 정말 감당하기 힘들 것이다.

만약 미국에서 박사과정까지 진학할 생각이 있고 재정적으로 큰 부담이 없다면 해외 석사를 추천한다. 그 이유는 해외에서 석사를 할 때 내가 원하는 학교 또는 등급tier이 조금 더 높은 학교의 박사과정 입학 허가서를 받을 확률이 더 높다고 생각하기 때문이다. 하지만 이는 국내 석사에 입학한다고 해서 절대 불리하다는 이야기가 아니다. 유학 중인 많은 한국인 박사과정생들이 국내에서 석사를 하고도 승승장구하는 예도 많다. 만약 국내에서 석사를 하기로 했다면 나는 꼭 연구실에 소속돼 적극적으로 연구에 참여하고 이력서CV, curriculum vitae에 한 줄이라도 적을 연구 이력을 열심히 쌓는 것이 향후 미국 박사과정에서 입학허가서를 받을 확률을 높일 좋은 방법이라고 생각한다. 그만큼 내가 연구에 관심이 있고 연구를 할 수 있는 사람이라는 것을 객관적인 지표로 보여주는 것이 중요하기 때문이다.

왜 나는 해외에서 박사를 하기로 했는가

혹시 국내에서의 박사 진학을 고민하지 않았냐고 물어보는 분들이 많다. 나도 고민을 한 적이 있지만 결국엔 해외 박사를 선택했다. 그 이유는 박사 졸업 후 학계에 남고 싶었고 또 가능하다면 한국으로 돌아와서 일하고 싶었다. 박사학위를 받고 3년 정도 일을 해본 지금은 한국에 가고 싶은 생각이 많이 없어졌다. 한국에서 (특히 수도권에서) 교수를 하려면 '미국에서 받은 박사학위'와 미국에서의 강의 경력이 많은 도움이 된다는 것을 선배들에게 들었다. 하지만 이것 또한 분명

전공마다 차이가 있을 것이다. 한국에서 임용될 기회가 없었기에 사실인지는 모르겠다. 나는 무엇보다도 20대의 반은 해외에서 보내고 내 무대를 조금 더 크게 넓혀 나가고 싶었다. 그래서 과감히 유학을 도전했다.

6

출국 전까지
무엇을 준비해두면 좋을까

아직도 입학허가서 레터를 받았던 날을 잊지 못한다. 엄마는 아침 기도를 하고 있었고 나는 5분 간격으로 이메일을 체크하던 날들의 연속이었다. 입학허가서를 받지 못하면 어떡하지, 유학의 꿈은 물거품이 되는 게 아닐까 하고 초조했다. 그러던 어느 날 드디어 입학허가서 레터가 왔다! 끝나지 않을 것 같았던 나의 유학 준비도 드디어 끝이 났다. 보통 입학허가서 레터는 4월 15일까지 온다. 대부분 학기 시작이 8월 중순(분기제는 9월 말)이라면 입학허가서를 가장 늦게 받았다 치더라도 약 4개월 정도의 시간이 있다. 보통 사람들은 이 시간을 마치 수능이 끝난 고3처럼 보내곤 한다.

나는 이 4개월의 시간을 어떻게 효과적으로 보낼지를 이야기해보고자 한다. 만약 여러분이 입학허가서를 받았고 남은 4개월을 그냥 놀고 쉬고 하면서 보낼 계획이라고 해보자. 첫 학기는 정말 고통 그 자체가 될 것이다. 왜 그 시간에 준비하지 않았나 하고 후회할 것이다. 다음에 추천하는 네 가지 준비 사항은 내가 출국 전에 미처 준비하지 못했던 것들이다. 실제로 유학 가서 '이것들을 미리 준비했으면 지금처럼 고생하지 않았을 텐데.'라며 후회한 경험을 바탕으로 작성했다. 예비 유학생들에게 많은 도움이 됐으면 좋겠다.

미리 전공과목을 준비하자

한국 대학(대학원)에서 전공과목coursework을 우리말로 배웠다면 중요한 용어와 개념을 영어로 변환하는 데 상당한 시간이 걸린다. 그래서 나는 가장 중요한 전공과목을 영어 원서로 사서 한 번 정도는 정독할 것을 추천한다. 처음 읽을 때는 시간이 오래 걸릴 것이다. 하지만 우리말로 된 전공과목 책과 원서를 번갈아 가면서 읽다 보면 용어들이 점점 익숙해지고 과거에 배운 내용을 자연스럽게 복습하게 된다. 또 내가 어떤 부분을 잘 이해 못 했는지를 점검해볼 좋은 기회가 될 것이다.

만약 책 전체 챕터를 공부하는 것이 부담된다면 쭉 훑어봤을 때 이해도가 조금 떨어질 것 같은 챕터 또는 응용이 아니라 기본 개념 위주의 챕터를 먼저 볼 것을 추천한다. 나는 첫 학기에 많은 전공과목, 논문 읽기, 그리고 수업조교 일을 동시다발적으로 해결하느라 시간이 턱없이 부족했다. 아무리 공부해도 시간이 부족했던 이유 중의 하나는 영어와 우리말이 자유자재로 변환이 안 돼서 전공과목 개념을 하나하나 우리말로 찾아보면서 공부했기 때문이다. 첫 학기에는 생각보다 영어가 잘 안 들렸다. 수업 내용을 이해해서 복습한다기보다는 스스로 공부해서 그 내용을 습득해야 했다. 그러면 남들보다 적어도 두 배의 시간을 투자해야 하고 그만큼 다른 것(예를 들면 연구 또는 조교 활동)에 투자할 시간이 적어진다.

연구 방법론에 관해 철저히 준비하자

두 번째는 내가 입학하는 대학원 과정에서 어떤 통계 프로그램을 가지고 하는지 알아보고 미리 준비하는 것이다. 이를 알아보는 데 가장 좋은 방법은 두 가지가 있다. 첫 번째는 내가 입학할 박사과정에 다니는 재학생들에게 이메일로 물어본다. 두 번째로는 나의 예비 지도교수님께 물어본다. 입학하기 전에 그들과 커뮤니케이션하는 것이 어렵거나 조심스러울 수 있다. 행여나 그분들의 시간을 뺏으면 어떻게 하지, 그분들을 너무 귀찮게 하는 것은 아닐까 걱정이 될 수도 있다. 아주 근거 없는 생각은 아니다. 하지만 지금 우리는 그들을 배려할 때가 아니다. 그들이 바쁘다면 알아서 답변을 늦게 보낼 것이다. 그리고 미국은 질문하는 것이 미덕인 나라다. 궁금한 점이 생기면 망설이지 말고 바로바로 질문하는 것이 중요하다. 박사과정은 정말 서바이벌 그 자체이다. 입학하기 전에 철저한 준비만이 살길이다.

어떤 통계 프로그램을 주로 쓰는지를 알았다면 한결 준비가 쉬워진다. 그 프로그램에 대해서 예습해가면 나중에 연구할 때 아주 큰 도움이 된다. 특히 통계적 지식을 알아가는 것도 도움이 된다. 그 통계 프로그램을 어떻게 사용하고 어떤 분석 툴을 많이 쓰는지에 대해 예습하고 실제로 데이터에 적용해서 분석해볼 수 있다면 연구하는 데 큰 도움이 될 것이다. 예를 들면 내 연구 분야는 주로 실험을 하고 소셜 네트워크를 분석할 때 주로 SPSS와 R을 사용한다.

나는 박사과정 전에 다른 전공과 분야에서 공부했고 다른 방법론에 익숙했다. 그러다 보니 새로운 툴들이 익숙하지 않아서 첫 학기에 꽤 애를 먹었다. 만약 SPSS 사용법에 관한 책을 사서 한번 연습을 했다거나 각종 데이터를 예시로 분석하는 방법을 한 번이라도 잘 연습해서 갔다면 첫 학기가 훨씬 수월했을 것이다.

멘탈은 몸으로 관리하는 것이 진리이다

세 번째는 건강관리이다. 미국은 한국과 비교해 의료 시스템이 편리하지 않아서 병원 가는 것이 쉽지 않다. 또 대학원에 있는 동안은 마음의 여유가 많이 없어서 조금만 아파도 초조해지고 부정적인 생각을 하게 된다. 그래서 한국에 있을 때 미리 건강검진을 받고 혹시 어디 아픈 곳이 있는지 검진을 하고 필요한 진료는 다 받고 가는 것이 좋다.

특히 치과 진료는 철저하게 받고 가야 한다. 미국은 신경치료 등을 할 때 신경치료 전문가endodontist에게 받아야 한다. 그런데 그들을 만나려면 아주 오래 기다려서 치료를 받아야 한다. 또 진료비가 너무 비싸서 참고 참다가 방학 때 치과 때문에 한국에 들어가는 학생들을 많이 봤다. 참고로 미국 치과에서 신경치료를 받으려면 보험 적용이 돼도 3,000달러(약 360만 원)가 넘는다.

학교생활로 바쁜 와중에 아파서 병원에서 시간을 낭비하는 상황이 오면 스트레스가 이만저만이 아니다. 이 외에도 평소 운동을 안 하는 사람은 웨이트 트레이닝 또는 자기에게 맞는 운동 루틴을 짜서 미리 체력을 기르는 것을 추천한다. 나는 유학 생활 중에 적어도 1주일에 세 번 이상 체육관gym에 가서 운동하고 체중이 너무 늘지 않도록 꾸준히 관리했다. 그리고 3일 이상 연속으로 운동을 쉬는 날이 없도록 억지로라도 운동하러 가곤 했다. 그리고 락클라이밍, 요가, 필라테스 등 새로운 운동을 시간을 내서 적극적으로 배웠다. 체력이 부족하면 공부하기도 힘들거니와 마음도 우울해져서 유학 생활을 버텨내기가 힘들다. 멘탈은 몸으로 관리하는 것이 진리이다.

가족과 친구들과 좋은 추억을 만들어두자

네 번째는 가족과 친구들과 소중한 시간을 보내는 것이다. 나는 유학 오기 전 부모님과 떨어져 지낸 적이 단 한 번도 없었다. 그래서 혼자 지내는 외로움이 얼마나 큰지 몰랐다. 유학을 오고 나니 미국에 오기 직전 가족들과 보낸 시간이 1년 차를 버티는 데 아주 큰 힘이 되었다. 가족들과 여행을 다니며 찍은 사진들을 다 프린트로 출력해서 방 곳곳에 붙여놓고 힘이 들 때마다 떠올리며 위로받을 수 있었다. 또 당분간 못 보게 될 친구들과 출국 전 보낸 소중한 시간 또한 유학 생활을 버티는 데 큰 힘이 됐다.

7

첫 학기를 망쳤다면
어떻게 해야 할까

박사과정 첫 학기. 내가 살면서 최고로 스트레스를 많이 받았던 4개월이었다. 전공과목을 제대로 이해하며 과제를 잘 해내는 것이 너무나 힘들었다. 영어로 논문을 이해하고 다른 박사과정생들, 교수님들과 토론하는 것에서 오는 스트레스가 컸다. 또한 처음으로 느껴보는 인간의 본질적인 고독과 외로움에 폭식까지 정말 괴로웠다.

박사과정 1~2년 차에는 상당히 많은 양의 코스워크를 소화해야 한다. 그런데 이를 또 영어로 듣고 이해해야 하는 것이 한국에서 학부까지 졸업한 나로서는 쉽지 않았다. 첫 학기 수업 시간에는 교수님의 말씀 중 절반밖에 이해하지 못했다. 그래서 수업 시간 내용을 녹음하고 그걸 혼자 공부하는 시간에 다시 들으면서 이해하는 방법을 시도해봤지만 그리 효과적이지 못했다. 그 이유는 복습하는 데 시간이 너무나 많이 걸렸고 그 내용을 다시 듣는다고 하더라도 부족한 리스닝 실력으로는 여전히 수업 내용을 이해하지 못했기 때문이다.

이런 상태에서 혼자 공부를 하고 우리말로 된 책까지 뒤적거려서 어느 정도 이해하고 나면 그제야 그 주에 마쳐야 할 과제를 할 수 있는 단계가 된다. 과제를 하는 데도 정말 많은 시간이 걸렸고 매일 잠이 부족한 몽롱한 상태로 하루를 시작하곤 했다. 이러한 시행착오를 겪은 내가 다시 박사과정 1년 차로 돌아간다면(생각만 해도 싫지만, 꼭 돌아가야 한다면) 다음과 같은 사항들을 적용해서 공부 방법을 개선할 것 같다.

스터디 그룹을 적극적으로 활용하자

동기와 적극적으로 공부하는 위클리 세션을 만들어서 함께 공부하는 것은 큰 도움이 된다. 실제로 많은 학생이 그렇게 공부한다. 하지만 나처럼 영어에 소극적인 학생은 혼자 공부하는 것을 선호하는 편인 것 같다. 영어 때문에 나도 모르게 나에게 마이너스가 되는 방향으로 결정하는 일들이 많아진다. 공부하는 방법을 결정함에서도 그랬다. 그때는 영어를 잘하지 못한다는 핸디캡이 성격에도 큰 영향을 미쳤다.

게다가 자격지심까지 생겨 뭔가 도움을 요청하고 같이 공부를 하자고 얘기하는 것이 부끄럽게 느껴졌다. 내가 공부를 열심히 하는 모습을 보였는데 시험을 잘 못 본다면 '나를 얼마나 바보같이 생각할까?'

하는 어리석은 생각에 혼자 지독하게 집에서만 공부했다. 하지만 다시 그때로 돌아간다면 동기와 함께 정기적으로 만나 서로 이해한 부분 또는 모르는 부분은 토론을 통해 공유하고 질문하고 답하는 시간을 가질 것이다. 그랬다면 전공과목을 훨씬 효과적으로 공부할 수 있었으리라 생각한다.

논문을 읽기 전에 목표가 있어야 한다

이 외에도 매 학기 영어로 논문을 읽고 토론하는 박사과정생 세미나가 있었다. 매주 10개의 논문이 할당되면 5개 논문의 내용은 80퍼센트 정도 이해하고 나머지 논문은 50퍼센트도 이해하지 못한 채 참여했던 적이 많다. 그만큼 논문의 내용도 이해하기가 힘들었다. 리딩의 양도 약 4개의 전공과목을 들으며 한 주에 소화하기에는 많았다. 그렇다면 왜 이렇게 많은 양의 논문을 교수님들은 매주 학생들에게 할당하는 것일까? 그 이유는 교수 또한 학생들이 논문 내용을 아주 디테일하게word by word 기억할 수 없다는 것을 알기 때문이다.

논문을 읽는 데도 방법이 있다. 가장 기본적인 방법으로는 논문을 읽기 시작하기 전에 머릿속에 목표가 있어야 한다. 예를 들면 이번 주의 토론 주제가 동기부여 이론motivation theory이라고 가정해보자. 이 논문은 이 토픽에 관해서 어떤 연구 질문research question을 가졌고 어떤 결론을 도출했는지를 찾아내겠다는 목표가 머릿속에 있어야 한다.

내가 찾고자 하는 것이 아무것도 없이 논문을 그것도 영어로 읽게 되면 시간만 허비할 뿐 머릿속에 남는 것이 없게 된다.

따라서 항상 논문을 읽기 전에 이러한 목표를 머릿속에 계속 생각하면서 논문을 읽고 논문을 통해서 무엇을 찾았는지 정리하는 것이 좋다. 나는 파워포인트 한 장 안에 하나의 논문을 요약했다. 요약한 내용은 주로 연구질문research questions, 이론theories, 연구개념 프레임워크conceptual framework, 결과findings, 그리고 실제적이면서 이론적인 기여practical and theoretical contributions였다. 논문을 다 읽고 나서 한 번에 정리해도 좋고 논문을 읽으며 중간중간 슬라이드를 채워나가는 것도 방법이다.

못해도 무조건 자신 있게 영어로 말하자

이렇게 논문을 읽고 나면 수업 시간에 동기들과 교수님과 함께 토론을 했다. 나는 영어에 자신이 없다 보니 말 한마디를 하는 게 쉽지 않았다. 토론하다가 궁금한 점이 있었지만 '내가 이 질문을 했을 때 나를 멍청하다고 생각하면 어떻게 하지?' 하는 걱정과 문법적으로 맞지 않는 영어를 구사할지 몰라서 오는 두려움 등으로 아주 소극적인 첫 학기를 보냈다. 아주 조용한 학생으로 한 학기를 보낸 후 깨달았다. 한마디도 하지 않는 것보다 문법이 틀리더라도 하고 싶은 말을 몇 마디 하는 게 100배 낫겠구나.

어쩌면 많은 유학생이 실수하는 부분이다. 미국에 있는 박사과정생들의 고민 상담 이메일 중 많은 부분이 영어 때문에 생긴 오해들이다. 영어를 잘하지 못하다 보니 자신감이 없어서 수업 시간에 말을 못 했을 뿐인데 교수들이 마치 준비를 안 해 와서 한마디도 하지 못한 것으로 오해해서 꽤 복잡한 문제들이 생겼다는 것이다. 이런 이메일을 보면 과거의 내가 생각나면서 참 안타까운 마음이 많이 들었다.

학교에서는 적극적인 태도를 보여주는 것이 중요하다. 내가 완벽할 때 적극적으로 행동하겠다고 계획을 세웠다면 아주 잘못된 것이다. 그때는 적극적으로 행동한다고 해도 이미 타이밍이 많이 늦은 뒤일 것이다. 내가 학교에서 요구하는 최소한의 기준을 통과했으니 지금 그 자리에 있는 것이다. 또 내가 그럴 만한 자격을 갖춘 사람이기에 입학허가서를 받은 것이다. 자신감을 느끼고 적극적으로 행동하는 것이 아주 중요하다.

내 첫 학기 성적은 그리 나쁘지는 않았다. 하지만 내가 공부한 양 대비 결과는 형편없었다. 한국에서 받았던 성적과는 비교할 수 없을 만큼 좋지 않았다. 열심히 해도 그 정도밖에 안 되는 내가 너무나 한심했다. 그래서 앞으로 남은 학기들을 잘 이겨내지 못할 것 같은 두려움 때문에 베개에 얼굴을 파묻고 운 날들도 많았다. 수업을 듣다가 정말 하나도 이해가 안 돼서 더 어려운 과정을 배우는 다음 학기가 걱정되고 불안해서 잠을 제대로 못 잤다. 그래서 그런지 건강도 많이 나빠졌다. 그래도 나는 이 박사과정을 어떻게든 꼭 5년 안에 끝내고 싶었다. 지칠 때마다 2015년에 나는 졸업을 해서 보란 듯이 교수가 될 것이라고 적고 또 적었다.

　지금 이 책을 읽는 사람이 아주 힘든 1년 차를 보내고 있다면 정말 언젠가는 끝이 난다고 1년만 버티면 조금은 수월해진다고 힘을 내라고 이야기해주고 싶다. 나는 정말 박사과정 1년 차가 얼마나 힘든지 알기에 1년 차 학생들만 보면 측은지심이 든다. 첫 학기를 망쳤다고 해서 졸업 후의 내 장래를 어둡게 비관하는 것은 바보 같은 일이다. 누구에게나 첫 학기는 가장 어려운 학기이며 생전 처음 보는 학점을 보는 학기이기도 하다. 심지어 미국인조차 박사과정 1년 차는 정신적으로 육체적으로 아주 힘든 학기이다. 그나마 다행인 것은 학교에서도 첫 학기를 학생을 평가하기 위한 기준으로 크게 삼지 않는다는 것이다. 시작했다는 것이 중요하다. 한 학기를 끝냈다는 사실이 중요하다. 나는 매일 발전하고 있고 하루하루 조금씩 나아지고 있다. 그러니 앞만 보고 열심히 달려가자.

8

영어 울렁증을
어떻게 극복할 것인가

　나는 어학연수조차 하지 않고 무작정 박사과정 유학을 하러 갔다. 영어 때문에 고생한 이야기를 하려면 정말 책 한 권이 모자랄 정도다. 토플과 아이엘츠 스피킹 최소 점수를 겨우 턱걸이로 넘고 미국 박사과정에 도전했다. 지금 생각해보면 무슨 자신감이었는지 모르겠다. 수업 시간에 강의 내용을 이해하기가 너무 힘들었다. 과목 내용 자체도 어려웠지만 그것보다도 영어가 전혀 들리지 않았다. 미국인 동기와 잡담할 때도 긴장하기 일쑤였다. 동기가 나에게 질문을 했음에도 불구하고 못 알아들어서 그냥 "오케이!" 하고 대화를 끝낸 적도 많다.

　그렇게 영어를 못하니 점점 자신감이 없어지고 그 누구와도 말을 하고 싶지 않았다. 어느 날은 학교 도서관 앞에 앉아 있는데 마치 유리로 된 방 안에 혼자 사는 바보처럼 느껴졌다. 보이지 않는 투명한 유리가 나를 제외한 모든 사람을 벽으로 갈라놓는 것처럼 느껴졌다.

그 유리로 된 방 밖으로는 두려워서 도저히 나갈 수 없을 것 같았다. 그렇게 느끼는 내가 너무나 가여웠다. 이렇게 살다가는 우울증에 걸릴 것만 같아서 마음을 고쳐먹기로 했다.

영어, 잘하는 '척'하지 말자

영어를 잘하는 것처럼 보이려다 보니 더 긴장하고 아는 것만 반복했다. 그래서 영어를 못하는 나를 온전히 받아들이기로 했다.

'영어 좀 못하면 어때? 나는 한국에서 태어났고 한국어만 쓰면서 여태껏 살아왔으니 못하는 게 당연하지. 그래도 나는 토플과 아이엘츠 최소 점수를 넘겼으니까 입학허가서를 받을 수 있었고 최소한의 기준은 된단 말이야. 그러니까 이 정도 영어 못하는 걸 부끄러워하지 말자.' 이렇게 마음먹고 나니 모든 것이 수월해졌다. 대화하다가 모르는 것이 나오면 질문했고 조금 천천히 말해달라고 얘기했다. 아는 영어만을 쓰는 나쁜 습관에서 벗어나 지금 처한 상황에서 꼭 필요한 말을 머릿속으로 생각하고 즉석에서 하는 연습을 자꾸 했다.

그렇게 하다 보니 다른 사람들과 의사소통하는 것이 훨씬 자연스러워졌다. 내가 아는 영어를 그냥 기계처럼 말하는 것이 아니라 완벽하지 않더라도 하고 싶은 말을 더듬더듬하니까 정말 상대방과 소통하는 느낌을 받을 수 있었다. 하지만 문법적으로 완벽한 영어를 구사하지 못한다는 생각에 여전히 자신감이 많이 떨어졌다. 내가 아는 영어, 만들어서 즉석에서 하는 영어를 더 자연스럽고 문법적으로 완벽하게 하기 위해서는 새로운 인풋이 필요함을 깨달았다.

그때부터 쉴 때는 무조건 미드를 봤고 필요할 것 같은 표현이 있으면 노트에 적어두었다. 그리고 평소에 즐겨보던 자기계발서나 소설책도 영어로 된 책만 읽었다. 대화하다가 매끄럽지 않게 나왔던 부분을 기억해 집에 와서 어떻게 표현할 수 있는지 찾아보고 그 문장들을 통째로 암기해버렸다. 매일 조금씩 인풋을 늘리다 보니 아웃풋도 자연스럽게 좋아졌다. 지금 나는 아시아인 학생들이 거의 없는 학교에서 마케팅 수업을 하고 있다. 영어로 강의하고 가르치는 데 큰 불편함이 없고 강의 평가에서도 피드백이 나쁘게 나온 적이 한 번도 없다.

내가 지난 10년간 영어를 꾸준히 공부하고 미국에서 원어민이 아닌 사람으로서 살면서 느낀 점은 매일매일 조금씩이라도 공부하면 그 효과가 상당히 크다는 것이다. 그리고 영어도 결국엔 언어이다. 문법적으로 완벽하지 않을지라도 상대방과 진정으로 대화하고 소통하고 싶은 마음이 있다면 그 진심이 전달되고 거기서부터 진정한 대화가 시작된다는 점이다. 완벽하게 공부할 수 있을 때까지 기다리지 말자. 그러다간 영원히 시작하지 못할 수도 있다. 지금 당장 조금씩 하루 5분이라도 영어 공부를 시작하는 것이 훨씬 효과적이다.

어떻게 영어의 좋은 인풋을 만들 것인가

나는 아는 영어만 해서는 늘지 않는다는 것을 깨달았다. 좋은 아웃풋이 나오려면 좋은 인풋이 있어야 했다. 그래서 시간이 날 때마다 좋은 인풋을 늘리기 위해 노력했다. 예를 들면 다른 사람과 대화 도중 잘 표현하지 못했던 것을 기억했다가 나중에 집에 와서 찾아보고 복습했다. 그리고 그 표현을 노트에 정리해서 시간이 날 때마다 외웠다. 나중에 비슷한 상황에 직면했을 때 외운 표현들이 아주 자연스럽고 편하게 나왔다.

휴식 시간에는 미드를 보면서 외우고 싶은 표현을 적어났다가 한 문장씩 따라해보면서 외웠다. 그리고 중요한 발표를 앞두고는 학교 내 대학원생을 위한 스피킹 센터에 가서 피드백을 받기도 했고 온라인으로 유료 튜터링을 받기도 했다. 그중 어떠한 방법이 뚜렷하게 효과가 있었다고 말하기는 힘들다. 하지만 꾸준히 영어를 공부하고 좋은 인풋을 늘려가려고 했던 다양한 노력은 실력을 향상시키는 데 긍정적인 효과가 있었던 것은 분명하다.

많은 사람이 공부를 많이 해야 한다는 생각에 또는 완벽주의적인 성향 때문에 '완전히 다 하거나 아니면 아무것도 하지 않거나all or nothing'를 생각하며 시작도 하지 못하는 것을 자주 봤다. 작은 성공이 하나씩 쌓여 큰 성공을 이룬다. 너무 큰 욕심을 부리지 말고 일단 한 문장씩이라도 시작해보자.

9

지도교수를
어떻게 선택할 것인가

어드미션을 받을 때 지도교수가 정해지는 경우도 있고 1년 차에 여러 교수와 일해보고 2년 차에 지도교수를 정하는 경우도 있다. 이 챕터는 후자에 관한 이야기이다.

조교수를 지도교수로 선택해도 될까

나의 대답은 '아니오'다. 종신심사, 즉 테뉴어tenure 시스템을 봤을 때 교수 1~6년 차가 조교수 랭크이고 6년 차 때 테뉴어 심사를 통과하지 못하면 무조건 학교를 떠나야 한다. 나의 지도교수가 학교를 옮기게 되면 정말 옛 어른들 말로 낙동강 오리알이 될 수밖에 없다. 새로 지도교수를 찾아야 하고 그와 함께 연구할 새로운 주제도 찾아야 하고 그동안 해왔던 모든 것이 0으로 돌아갈 수도 있다. 조교수가 테뉴어를 받기 위해 공격적으로 연구할 수는 있지만 학교를 떠나게 될 가능성은 항상 잠재돼 있다. 그렇다 하더라도 내가 조교수를 지도교수로 삼고 싶다면 공동 지도교수co-advisor로 선택하고 테뉴어를 받은 교수를 지도교수main adivsor로 두는 것도 하나의 방법이다.

~~~

유명 교수를 지도교수로 선택했을 때 장단점은 무엇일까

유명 지도교수가 써주는 추천서는 교수 임용시장job market에서 아주 강력한 힘을 발휘한다. 잡마켓에서든 학계에서든 항상 '○○ 지도교수의 제자'라는 타이틀을 갖게 된다. 지도교수의 이력서에도 내가 제자라는 사실이 기록된다. 단점으로는 간혹 유명 교수들은 다른 많은 프로젝트와 업무로 자기 학생들을 잘 챙기지 않는 경우도 많다. 내가 연구의 진전을 위해 만나고 싶을 때 교수님을 못 만나는 경우도 있고 한 달에 한 번 얼굴 보기도 힘든 경우도 있다. 이렇게 만날 기회가 적어지면 내 연구의 진도도 그만큼 느려질 수밖에 없다.

따라서 유명 교수를 지도교수로 정하기 전에 꼭 확인해야 할 사실이 있다. 그 교수가 학생들과 얼마나 자주 만나는지와 어떻게 자기 학생들을 챙기는지에 대해서 주변에 물어보고 최대한 정보를 수집해서 꼭 확인해야 한다. 만약 앞서 설명한 것처럼 지도교수를 만나기가 힘들고 다른 많은 업무로 인해 학생에게 시간을 많이 할애하지 않는다면 내내 전전긍긍하며 초조한 시간을 보내게 될 수도 있다.

연구 주제가 똑같지 않은 지도교수를 선택해도 될까

내가 경험하기로 가장 좋은 지도교수는 학생을 잘 챙겨주는 분이다. 그래서 관심 있는 연구 주제가 어느 정도 겹치고 다른 후보의 지도교수가 없다면 긍정적으로 생각해도 좋다고 생각한다. 내가 흥미를 느낄 수 있는 연구 주제는 큰 틀 안에서 얼마든지 찾을 수 있다. 하지만 지도교수의 연구 주제를 보고 관련 논문을 읽었는데도 정말 흥미를 조금도 느끼지 못한다면 다시 신중하게 고려해야 한다. 하기 싫은 연구 주제를 꾸역꾸역하는 것만큼 고통스러운 것은 없다.

나는 정말 운이 좋게도 최고의 지도교수를 만났다. 학계에서 저명한 교수였지만 매주 미팅에 빠지지 않았고 항상 시간을 할애해주었고 내가 궁금한 것을 물어볼 때마다 24시간 안에 대답해주었다. 또 다른 한편으로는 '빨리빨리' 하는 것을 선호하는 경향이 있어서 급박한 타임라인에 맞추려면 마음이 급해져서 실수할 때도 많았다. 그리고 직설적으로 말하는 경향 때문에 처음에는 마음의 상처도 받았다. 하지만 미팅이 거듭되고 연차가 올라가면서 교수와 끈끈한 동료애가 쌓였다. 지도교수가 해주는 조언은 절대 개인적으로 받아들이지 않았다. 내 연구를 한 단계 레벨업하기 위한 쓴 조언으로 받아들였다.

10

지도교수와 어떻게 하면
잘 지낼 수 있을까

"박사과정에서 가장 중요한 것은 무엇인가요?"

단언컨대 지도교수와의 좋은 관계일 것이다. 박사과정에 있다 보면 신경이 예민해지고 스트레스 수치가 전반적으로 높아진다. 그러다 보니 지도교수의 이메일이나 말투 하나하나에 '혹시 나를 안 좋게 생각하면 어떻게 하지?' '나를 여기에서 쫓아내면 어떻게 하지?' 별의별 생각을 다 하게 된다. 그도 그럴 것이 실제로 지도교수와 사이가 좋지 않아서 고생하는 사람들이 은근 많다.

나는 지도교수와 아직도 두터운 신뢰관계를 유지하고 있고 지금까지도 함께 연구를 진행 중이다. 우리는 서로를 좋은 팀메이트라고 생각했다. 정말 지도교수가 내 인생의 멘토이자 롤모델이 돼 계속 좋은 관계를 유지한다는 것은 행운이라고 생각한다. 그렇다면 지도교수와 좋은 관계를 위해서는 어떻게 해야 할까?

모든 일을 내 일처럼 열심히 하자

매사에 열심히 하면서 정성을 다 쏟는 것이다. 이 말이 굉장히 진부하게 들릴 수 있다. 하지만 가장 쉬운 방법이면서도 많은 사람이 간과하는 방법이다. 나는 지도교수에게 잘 보이기 위해서라기보다 성격이 대충하는 것을 견딜 수 없어 해서 주어진 모든 일을 열심히 했다. 모든 일에 많은 시간을 쏟으라는 얘기는 아니다. 할 일은 많은데 시간은 한정돼 있으니 우선순위를 정해놓고 시간을 써야 한다.

그런데 어떠한 일을 함에서 혹시 내가 먼저 나서서 가치를 제공할 수는 없는지를 생각하고 모른다면 미리 물어봐서 가려운 데를 긁어주는 역할을 하는 것이 중요한 것 같다. 예를 들어 내가 지도교수 수업의 조교를 한다면 미리 이메일을 보내서 수업 관련해서 도울 것은 없는지, 중간고사 시험에 앞서 해야 할 일은 없는지 등을 물어볼 것이다. 내가 먼저 움직인다면 교수와 함께 좋은 팀워크를 만들어갈 수 있을 것이다. 연구할 때도 마찬가지다. '교수에게 내가 얼마나 잘하는지 보여줘야지.'라는 생각보다는 '나는 배우러 온 사람니까 비판은 겸허히 받아들이고 무조건 열심히 배우겠다.'라는 마음가짐으로 함께 일해보자. 그럼 그 태도가 전달될 것이고 동시에 실력도 나날이 증가할 것이다.

나는 박사 졸업논문 발표dissertation defense를 끝내고 난 후 지도교수와 처음으로 허심탄회하게 편안한 마음으로 저녁을 먹을 수 있었다. 그때 지도교수가 이렇게 말했다. "내가 너처럼 열심히 하는 박사과정은 처음 봤다." 이 말이 정말 나에게 큰 힘을 주었고 내 6년의 박사과정을 모두 보상받은 것만 같았다. 평소에 교수가 나에 대해서 다른 사람들에게 말할 때도 가장 먼저 하는 말은 "말도 안 되게 열심히 일하는 학생incredibly hard working student"이었다. 그래서 그랬는지 나와 지도교수 사이에는 두터운 신뢰가 있었다. 나는 항상 열심히 하는 태도로 지도교수의 지도에 보답하고 싶었다. 내가 잘할 수 있는 건 그저 매 순간 열심히 하는 것밖에 없었다. 만약 여러분이 박사과정에 있다면 또는 입학할 예정이라면 지금 잘 안 되고 부족하더라도 매 순간 열심히 하는 모습을 항상 보여주자. 지금 당장 성과가 나오지 않더라도 지도교수는 당신을 높게 평가할 것이다.

피드백을 내 멋대로 해석하지 말자

절대 지도교수의 피드백을 무조건 부정적으로 받아들이지 말라고 조언하고 싶다. 나는 매주 월요일 지도교수와 리서치 미팅을 했다. 지도교수가 매우 직설적으로 조언을 하는 타입이라 처음에는 미팅 후 멘붕이 제대로 왔다. 혹시 '나를 개인적으로 싫어하는 건 아닌가?' 하는 생각부터 해서 교수가 이메일을 짧게 단답형으로 보내면 그런 것 하나하나에 쫄보의 마음으로 부정적으로 의미를 부여했다.

하지만 결국 부정적으로 의미를 부여할수록 나에게 안 좋은 영향을 끼칠 뿐 사실도 아니거니와 그것이 도움이 되는 것은 하나도 없었다. 그 후 나는 생각을 바꾸고 교수가 주는 피드백은 피드백 그 자체로 받아들였다. 절대 개인적으로 받아들이지 않았다. 나중에 알게 됐는데 지도교수는 나를 평가하는 다른 교수들에게 굉장히 좋게 이야기했다. 내가 잡마켓에 나갔을 때 인터뷰하는 교수들에게 직접 전화해서 적극적으로 추천했다.

무조건 두려워하지 말고 질문하자

두려워하지 말고 질문하자. 많은 학생이 질문하는 것을 두려워하는 경향이 있다. 내 질문을 듣고 멍청하다고 생각할까 봐 걱정을 한다. 우리가 분명히 알아야 할 것이 있다. 학생은 학교에 배우러 온 것이다. 따라서 지도교수보다 모르는 것이 당연하다. 그걸 들키는 것을 부끄러워해서는 안 된다. 질문을 하지 않으면 절대 배울 수 없다. 내가 박사과정 중 가장 잘한 일은 스스로 잘 못하는 사람이라고 인정해버린 것이다. 이렇게 인정해버리고 난 후에는 동기에게 잘 모르는 것에 대해 질문하는 것도 부끄럽지 않았고 지도교수나 다른 교수에게 질문이 생길 때마다 솔직하게 물어보고 그때그때 문제점이나 어려운 점을 해결할 수 있었다. 질문을 했을 때 얻을 수 있는 긍정적인 효과가 또 있다. 내가 지금 어디쯤 있고 어느 정도 이해하는지 간접적으로 알릴 수 있다는 것이다.

대학원 생활도 사회생활이라는 것을 잊지 말자

대학원도 작은 사회라는 것을 꼭 기억하자. 사회생활을 잘한다는 것은 공부 말고 외적인 것, 즉 인간관계를 잘해야 한다는 것을 의미한다. 많은 양의 전공과목에 치이다 보면 학과에서 주최하는 저녁 식사 자리에 가는 것이 부담스럽게 느껴져 그 시간에 차라리 공부나 하자며 안 가는 학생들을 볼 수 있다. 그런데 이는 마치 회식 시간에 업무를 해야 한다며 빠지는 신입사원과 같다. 학과에서 주최하는 여러 가지 행사 또는 교수님이 초대하는 자리에는 최대한 참석해서 친해지려 하고 좋은 관계를 맺으려고 하는 것이 좋다.

11

리서치 미팅을
어떻게 할 것인가

    박사과정 1년 차를 시작하면서 지도교수와 매주 월요일 리서치 미팅을 했다. 박사과정 1~2년 차 때는 꽤 난이도 높은 전공과목들과 많은 양의 논문들을 이해하고 토론해야 했다. 그러다 보니 정작 내 연구에 많은 시간을 할애하지 못했다. 하지만 매주 월요일 지도교수와의 리서치 미팅은 꼭 빠지지 않고 열심히 참여했다. 전공과목에 관련된 과제들이 너무 많았기에 미팅 준비가 생각만큼 안 된 것 같은 느낌이 들면 유혹에 흔들렸다. '이 미팅을 취소해야 할까? 만약 지도교수가 날 멍청하다고 생각하면 어떻게 하지? 이거밖에 못 했냐면서 날 게으르다고 생각하면 어떻게 하지? 몸이 안 좋다고 할까?' 온갖 생각이 머릿속을 휩쓸고 지나갔다.

부족해도 안 하는 것보다는 하는 게 낫다

하지만 이러한 유혹을 뿌리치고 미팅에 참석하고 나면 항상 그런 온갖 생각이 아주 쓸데없는 것이었음을 깨달았다. 내 경험으로 최소한 1~2시간이라도 연구 주제에 대하여 생각해보고 교수님과 이야기할 거리를 만들어간다면 그 미팅을 통해서 얻는 것들이 많았다. 내가 준비한 시간이 너무 짧고 부족하다고 해서 미팅을 취소하는 어리석은 행동을 하지 말기를 바란다. 지도교수와의 미팅은 준비해 간 것들을 일방적으로 발표하는 자리가 아니다. 내가 연구 주제에 대해 브레인스토밍을 하고 기존 관련 연구들literatures을 찾아본 것을 이야기하면 지도교수가 그것에 관해 질문하고 나는 연구해간 것을 바탕으로 대답한다. 이러한 상호작용 속에서 지도교수의 인사이트를 통해 리서치 아이디어를 더 견고하게 만들 수 있고 다음 단계가 무엇인지에 대해 생각해볼 수 있다.

얼마나 열심히 배우려고 하는지가 중요하다

나는 1년 차 때만 해도 지도교수의 말이 너무나 빨라서 절반도 못 알아들었다. 그래서 미팅 중간중간에 교수는 내가 이해한 것이 맞는지 계속 확인하며 진행했다. 그리고 또한 처음에 교수에게 똑똑하게 보여야 한다는 생각에 연구해 간 것들을 스크립트로 써서 거의 외우다시피 해서 미팅에 참석했다. 아직도 생각나는 장면이 있다. 내가 외우다시피 한 스크립트를 거침없이 얘기했다. 그러자 지도교수는 무슨소리인지 모르겠다고 어리둥절한 표정을 짓다가 결국 내 말을 중단시켰던 적이 있다.

지도교수와의 미팅을 통해 많은 것을 수확하려면 일단 '나는 배우러 온 학생이다. 내가 못 하는 것을 빨리 들켜버리자.' 하고 마음먹어야 한다. 지도교수는 이 학생이 얼마나 똑똑한지가 아니라 얼마나 열심히 하고 배우려고 하는가를 기준으로 평가한다. 그래서 학생이 갖추어야 할 태도는 너무 잘하려고 하지 말고 그저 주어진 시간에 열심히 연구하고 궁금하면 스스럼없이 시도 때도 없이 물어보는 태도를꾸준히 유지하는 것이다. 완벽하게 하려다 보면 시작도 안 하게 되고너무 잘하려고 하면 금방 지친다.

한국 학생들이 가장 많이 하는 실수 중의 하나는 바로 자기의 생각을 확고하게 얘기하지 못한다는 것이다. 나보다 나이 많은 사람이고권위가 있는 사람이라는 생각에 자기 생각을 강하게 이야기하지 못하는 경우가 많다. 부끄럽지만 나의 예를 들겠다. 나는 데이터를 분석하고 코딩하는 방법에서 A라는 방법이 맞는다고 생각했다. 그런데 지도교수는 B라는 방법을 제안했다. 내가 생각하기엔 정말 A라는 방법이100퍼센트 더 적합하다고 생각했다. 하지만 '교수님이 더 잘 알겠지.'라는 생각에 지도교수가 제안한 B라는 방법을 택했다. 사실 B의 방법은 엄청나게 시간을 소비하고 비효율적이었다. 하지만 지도교수의 말을 따라야 한다는 생각에 그대로 진행한 적이 있었다.

그 결과는 처참했다. 시간은 시간대로 낭비하고 지도교수는 직접 데이터를 만진 사람이 훨씬 더 잘 알 텐데 왜 더 나의 의견을 강하게 주장하지 않았냐고 나무랐다. 그때 당시에는 무언가 굉장히 억울하고 답답했다. 하지만 지도교수의 말이 맞았다. 내가 맞다고 생각하면 더 확고하고 강하게 주장했어야 했다. 지도교수도 인간이기에 항상 옳은 것은 아니다(내가 교수가 돼보니 그 말이 정말 이해된다).

12

연구 주제는
어떻게 정해야 할까

박사과정생들은 연구 주제를 정하는 것을 어려워한다. 그 이유는 세 가지다. 첫 번째, 그 누구도 하지 않은 아주 새로운 연구를 하려는 욕심 때문이다. 두 번째, 내 졸업논문dissertation이 될지도 모른다는 생각이 들기 때문이다. 세 번째, 처음부터 내가 흥미를 아주 많이 느낄 수 있는 완벽한 연구 주제를 찾으려는 욕심 때문이다.

왜 연구 주제를 정하기가 어려운가

첫 번째 '그 누구도 하지 않은 완전히 새로운 연구를 하려는 욕심'에 대한 뼈 때리는 조언을 하자면 30년 연구한 학자도 이러한 연구 주제를 찾으려면 몇 년이 걸릴 것이다. 하물며 연구 꼬꼬마인 박사과정생들이 할 수 있을까? 언젠가는 할 수 있겠지만 정말 아주 오랜 시간을 투자해야 할 것이다. 하지만 현실은 학생들은 5~6년 안에 졸업해서 학교를 탈출해야 한다. 따라서 욕심은 버리고 내가 기존 연구에 어떠한 실제적이면서 이론적인 기여practical and theoretical contributions를 할 수 있는지에 관해 물어보자. 그리고 지금 내가 생각한 연구 주제와 아이디어가 긍정적이라면 그것으로 충분하다. 앞으로 박사과정에 있는 동안 연구 주제는 A로 시작했겠지만 무수한 과정(데이터 컬렉션, 새로운 이론 채택, 또 다른 데이터 컬렉션)을 통해을 전혀 다르게 A가 아니라 D에서 끝날지도 모른다.

두 번째, '내 졸업논문이 될지도 모른다는 생각이 들기 때문에'라는 이유에 대해 이야기해보자. 이런 경우에 지금 내 아이디어가 너무 보잘것없이 느껴지고 톱 저널에 나와 있는 논문들과 비교했을 때 내 연구 주제가 아무것도 아닌 것처럼 느껴져서 망설이는 경우가 많다. 하지만 꼭 기억해야 할 사실이 있다. 톱 저널에 실린 논문들도 다 나처럼 시작은 미약했다. 박사과정에 있는 동안 내 연구 주제는 (아주 느리고 고통스러운) 무수한 프로세스를 통해 예측하지 못한 종착지에 견고하게 발전돼 있을 것이다. 따라서 연구 과정 초반에 가이드해줄 수 있는 지도교수와 미팅을 반복하면서 아이디어를 계속해서 발전시켜나가는 것이 중요하다. 지도교수가 내가 제시한 연구 주제에 대해 승인했다면 그만큼 잠재적 가능성을 보았다는 이야기이다. 따라서 묵묵히 계속해서 연구해나가는 것이 좋다.

세 번째, '처음부터 내가 흥미를 아주 많이 느낄 수 있는 완벽한 연구 주제를 찾으려는 욕심 때문에' 연구 주제를 선정하는 데 어려움을 느끼는 경우가 많다. 하지만 이러한 연구 주제가 과연 존재할까? 만약 당신이 이러한 연구 주제를 찾았다면 정말 축복받은 사람이고 못 찾았다면 지극히 정상이다. 논문의 초록abstract을 봤을 때 연구 결과가 궁금하고 계속해서 읽고 싶은 생각이 든다면 그것만으로도 흥미를 느꼈다고 말하기에 충분하다.

어떻게 연구 주제를 찾을 것인가

나는 다음과 같은 방법으로 내가 흥미를 느낄 수 있는 연구 주제를 찾았다.

방법 1. 세미나 시간을 통해 관심 있는 주제 발견하기

내가 다닌 박사과정은 매 학기 박사과정 세미나를 들었어야 했다. 교수가 자기 분야에 대한 논문을 선별하고 그 논문을 심도 있게 한 학기에 걸쳐 토론했다. 이런 세미나는 매주 다른 토픽을 다루고 박사과정생들이 한 토픽씩 맡아서 매주 발표와 토론을 하곤 한다. 이러한 박사과정 세미나는 내가 흥미 있는 연구 주제를 찾기에 안성맞춤이다. 매주 세미나가 끝나면 내가 어떤 논문과 토픽에 관심이 있었는지 항상 표시해놓고 또 어떻게 내가 그 토픽을 발전시킬 수 있을지 메모해 두는 것이 좋다. 이 메모를 또 너무 부담스럽게 생각하여 완벽하게 하려다가 안 하는 경우가 많다. 그런데 완벽한 아이디어라기보다 그냥 내가 다른 논문들을 추가로 보지 않고 브레인스토밍했을 때 떠오르는 아이디어들을 적어두면 그것으로 충분하다.

방법 2. 학회투고지 또는 저널 리뷰로 관심 있는 주제 발견하기

내가 자주 썼던 방법이다. 내 분야의 가장 유명한 학회 웹사이트 두 군데 정도를 탐색해 학회투고지conference proceeding를 본다. 프로시딩에는 대부분 논문 제목과 초록 정도만 나올 것이다. 내가 관심이 가는 논문들을 하이라이트해두고 워드나 엑셀에 옮겨 적는다. 그리고 그 논문의 큰 카테고리 토픽이 무엇인지도 옮겨 적는다(보통 세션의 이름인 경우가 많다). 이 과정을 저널을 통해서 반복한다. 내 분야의 톱 저널 두 군데 정도를 정하고 최근 6개월 또는 1년 동안 출간된 논문들을 보면서 관심이 가는 논문들을 PDF 파일 형식으로 저장해둔다. 그리고 이 논문들의 초록을 읽어보고 관심이 더 생기면 엑셀에 어떤 카테고리인지 옮겨 적고 그렇지 못하면 휴지통으로 옮긴다.

이 과정을 여러 번 반복하고 엑셀에 쌓인 논문 리스트와 카테고리를 보면 공통으로 등장하는 카테고리가 보일 것이다. 그 분야가 바로 내가 흥미를 느끼는 것이다. 이 과정을 시간이 날 때마다 거듭하다 보면 데이터에 근거해서 내 관심 연구 분야를 찾을 수 있다.

13

박사과정 1~2년 차의
딜레마는 무엇일까

전공과목과 연구 중 무엇을 해야 하는가

박사과정 1~2년 차는 전공과목을 열심히 듣고 이해하는 데 집중해야 하는 때다. 연구 방법론에 대한 수업과 박사과정 전공 세미나를 듣게 된다. 보통 이때 가장 많이 하게 되는 고민은 연구에 시간을 얼마만큼 할애해야 하느냐는 것이다. 한편에서는 '전공과목은 그냥 학점을 적당히 받을 정도만 하면 된다.'라는 의견이 있고 또 다른 한편에서는 '전공과목이 연구하는 데 기초가 되기 때문에 최대한 집중해야 한다.'라는 의견이 있다.

나는 첫 번째 학교에서 퀄 시험에 떨어진 덕분에 박사과정 1~2년 차를 두 번이나 하게 되는 행운(?)을 가졌다. 두 번째 학교에서 같은 시기를 겪어보니 내가 첫 번째 학교에서 무엇이 부족했는지 깨닫게 됐다. 일단 전공과목에 대한 두 의견은 모두 틀린 소리가 아니다. 박사과정 1~2년 차를 제외하면 전공과목에 그렇게 시간을 투자하며 자세히 공부할 기회가 거의 없다고 볼 수 있다. 하지만 그렇다고 해서 전공과목에 시간을 많이 투입한다는 것은 그만큼 연구에 할애할 시간이 줄어든다는 것이다. 논문 하나가 저널에 실리는 데 걸리는 시간(적어도 1년 이상)을 생각하면 1~2년 차 때 마냥 연구에 손을 놓고 있을 수는 없다.

나는 왜 퀄 시험에 떨어졌는가

나는 첫 번째 학교에서 1년 차 때 전공과목에 모든 시간을 할애했다. 그도 그럴 것이 내가 해왔던 전공 공부와는 다르게 수학적인 지식을 요구하는 수업이 너무나 많았다. 전공과목의 대부분을 경제학과, 산업공학과, 수학과에서 들어야만 했다. 고등학교는 문과였고 대학은 경영학과를 나왔던 내가 듣기에는 역부족이었다. 그래서 과목에서 과락하지fail 않기 위해 모든 시간을 전공과목에 투입해서 정말 근근이 하루하루 버텼다.

이때의 나의 삶은 하루살이와 같았다. 내일은 보이지 않았다. 그냥 오늘 하루, 또 내일 하루 생존하며 사는 하루살이였다. 연구에 집중할 수 있는 시간은 도통 나지 않았다. 2년 차 때는 본격적으로 지도교수와 미팅을 하면서 내 아이디어들을 발전시키기 시작했다. 물론 코스 워크와 연구를 병행하느라 잠도 제대로 못 자며 나 자신을 육체적으로 정신적으로 혹사시켰지만 선택의 여지가 없었다. 그 결과 논문이 좋은 저널에 게재됐다. 하지만 퀄 시험에는 떨어지고 말았다. 그래서 1~2년 차를 새로운 학교에서 다시 겪어야 했다.

전공과목과 연구의 연결고리를 찾자

두 번째 학교에서는 1년 차 때부터 연구에 시간을 조금 더 많이 할애했다. 일단 전공과목에서 받는 학점이 학교에서 경고를 받지 않을 정도로만 유지하면 된다는 것을 알았고(물론 잡마켓에 나가는 경우에 해당된다. 교수로 임용될 때는 좋은 학점은 전혀 필요가 없다), 1~2년 차 때 연구에 시간을 조금씩 할애하는 것이 연구성과에 훨씬 도움이 된다는 것을 알았기 때문이다.

구체적인 방법을 설명하면, 최대한 전공과목과 연구의 연결고리를 찾으려고 했다. 전공과목이 연구를 하는 데 어떻게 도움이 되는지에 대한 구체적인 그림이 머릿속에 없다면 마치 시간 낭비처럼 느껴질 수 있기 때문이다. 만약 통계 수업에서 삼원분산분석three-way ANOVA 에 대해서 배운다면 실제로 이 방법을 사용한 논문을 최대한 찾아보았다. 그래서 그 논문의 연구질문research questions은 무엇인지, 어떤 변수들을 사용했는지, 왜 저 분석 방법을 선택했는지, 결과가 어떻게 나왔는지 등에 대해 구체적으로 리뷰했다. 계속 전공과목과 연구의 연결고리를 찾다 보면 연구에 어떻게 도움이 될지 알게 돼 수업들이 훨씬 더 흥미롭게 다가왔다.

14

울면서 공부해봤니?
치열했던 퀼 시험 준비

박사과정 1~2년 차는 보통 박사과정생PhD student이라고 하고 2년 차가 끝난 후 퀼 시험에 통과하면 박사후보생PhD candidate이 된다. 박사후보생이 됐다는 것은 이제 정말 내가 아주 큰 잘못을 저지르지 않는 한 학교에서 쫓겨날 확률이 상대적으로 적다는 것을 뜻한다. 그만큼 퀼 시험은 박사과정의 생사를 결정하는 첫 번째 관문이다.

잠자는 시간을 빼고 공부만 했다

첫 번째 학교에서의 퀼 시험 준비는 정말 내 생애 통틀어 가장 치열했던 시간이다. 나는 선배들의 조언을 참고해 약 5~6주 정도 공부를 했다. 밥 먹는 시간과 잠자는 시간을 제외하면 모든 시간을 시험 준비하는 데 썼다. 밥 먹는 시간도 아까워서 대부분의 날을 사과와 야채 주스만 먹으면서 공부했다. 내가 사과를 선택한 이유는 껍질을 까지 않아도 되는 과일 중에 가장 즐겨 먹는 과일이었기 때문이다. 지금 생각해보면 너무나도 위험한 그리고 건강하지 못한 방법이었지만(절대 이 방법을 추천하지 않는다), 밥 먹는 시간을 최대한 아끼고 싶었고 시험을 꼭 통과해야 한다는 마음이 너무 간절했다. 만약에 시험에 떨어졌을 때 공부가 아니라 다른 활동에 시간을 허비했던 것이 조금이라도 후회가 될까 봐, 또 실패했는데 그게 내 탓이면 너무 아플까 봐 절대 후회되는 행동을 하지 않으려고 애썼다.

시험공부를 시작한 초기에는 내가 이 시험을 과연 통과할 수 있을까 하는 불안한 마음 때문에 너무 고통스러웠다. 아침에 책상에 앉아서 책을 펴면 대체 언제 이 많은 공부를 끝낼 수 있을까 하는 생각에 불안감이 커졌다. 불안감을 참다 참다 결국 울음이 터지곤 했다. 울고 나면 항상 무언가 마음이 단단해지면서 내면의 불안감이 해결되는 느낌이었다. 매일 울면서 공부를 한 첫 주가 지나고 둘째 주가 되자 내가 체감할 수 있을 정도로 불안감이 많이 줄었다. 더는 공부를 시작하기 전에 울지 않았다. 이제는 무언가 할 수 있을 것 같은 자신감이 생겼다. 그래서 더 구체적으로 스터디 계획을 짜고 최대한 그 계획에 맞추어서 하려고 애썼다. 물론 그렇게 공부하는 동안은 아무도 만나지 않았다. 밥 먹는 시간이 아까운데 누굴 만날 수 있었을까.

내가 봐야 하는 시험 과목은 5개였고 리뷰해야 하는 페이퍼 양은 어마어마했다. 그 외에 시험 과목에 관련된 전공과목도 공부해야 했다. 문과 백그라운드를 가진 내가 대부분 수학 지식을 사용하는 과목들을 공부하려니 그 괴로움은 이루 말할 수 없었다. 마치 막 중학교를 졸업한 사람이 대학 수학을 공부하는 느낌이랄까.

거의 매일 잠자는 시간을 제외하고 모든 시간을 공부에만 쏟아부었다. 그러자 건강에 이상이 생겼다. 몸이 여기저기 아팠고 어깨에는 담이 오기 시작했으며 몸무게가 6킬로그램 넘게 빠졌다. 살이 너무 많이 빠져서 친구들이 멀리서 보고 나인 줄 몰랐다고 했을 정도다. 건강에 무리가 가도록 공부를 할 수밖에 없었던 것은 그래야만 내 안의 불안감이 많이 줄어들었기 때문이다. 그리고 왠지 시험을 잘 볼 수 있을 것 같은 자신감도 커졌다. 시험을 준비하면서 나의 공부하는 습관을 알게 됐다.

내가 공부하면서 스트레스를 받는 경우는 대부분 공부를 해야 하는데 하기 싫어서 시작을 안 했거나 해야 하는 일을 미루고 있을 때라는 것을 깨달았다. 스트레스를 줄이는 방법은 지금 당장 공부를 시작하는 것밖에 없었다. 애꿎게 다른 곳에서 시간을 낭비했다고 자책을 했다. 시험이 거의 일주일쯤 남았을 때 어느 정도 공부가 마무리됐다. 그때는 만약 시험만 아니라면 이 공부를 평생 할 수 있을 것 같다는 느낌이 들었다.

5일 동안 퀄 시험을 봤고 마지막 날 시험이 끝나자마자 긴장이 풀렸는지 집에 와서 심하게 구토를 했다. 다행히 건강에는 크게 이상이 없었고 약 일주일간의 꿀 같은 달콤한 휴식을 보냈다. 한 2주쯤 지났을 때 과에서 연락이 왔다. 퀄 시험 결과가 만족스럽지 못하니 학교를 떠나라고 했다. 당장 다음 주부터 나에게 주던 생활비 보조도 없을 것이고 학교 오피스를 정리하고 며칠 내로 열쇠를 반납하라고 했다. 믿을 수 없었다.

최선을 다했기에 자책하지 않았다

어떻게 나에게 이런 일이 생겼을까? 학교를 나가야 한다는 것은 너무나 충격적이었다. 하지만 나는 학교의 지침을 따라야 했다. 보통 퀄 시험에 떨어지면 두 번째 기회가 주어진다. 나는 그 기회도 받지 못했다. 답답하고 억울했지만 방법이 없었다. 한편으로는 후련했다. 나는 최선을 다했고 그래서 내 탓을 하지 않을 수 있었다.

박사과정에서 나오게 된 내가 적어도 석사학위를 받고 나오려면 많은 행정 절차가 필요했다. 나로서는 2년간 서류상으로 헛되이 보낸 시간이 아니라는 것을 기록으로 남겨야 했다. 그러려면 한 학기를 석사생으로서 다니면서 3학점을 더 이수해야 했다(물론 내 자비로 학교에 다녀야 했다). 한 학기를 시험에 떨어져서 쫓겨난 박사과정. 이제는 석사학생인 정체성으로 다니게 된 현실은 참 가혹했다. 같이 수업을 들었던 박사과정 동기들을 마주치기도 했다. 그 친구들도 나를 보면 표정 관리가 안 됐다. 어떤 말을 어떻게 해줘야 할지 아마 몰랐던 것 같다.

박사과정생으로서의 정체성을 하루아침에 빼앗긴 나는 앞길이 보이지 않았다. 공부하는 내가 아닌, 연구하는 내가 아닌 사람으로서의 나는 과연 의미가 있는가. 박사과정 윤은정이 아닌 나는 누구이고 무엇을 해야 하는가 등 존재 자체에 의문을 품기 시작했다. 엎친 데 덮친 격으로 한국에 있는 가족들이 힘든 상황을 겪으면서 나의 멘탈은 점점 고갈되었다. 어떤 날은 살기 싫은 날도 있었다. 만약 나에게 생과 사의 버튼이 주어진다면 그냥 그만 살고 싶었다. 지금 생각해보면 그때 나는 심각한 우울증을 겪었던 것 같다. 하지만 어떻게 도움의 손길을 받을 생각조차 할 수 없었다.

15

박사자격시험에
떨어졌을 때는 어떻게 해야 할까

   나는 2012년 12월에 석사학위를 받게 됐다. 원래대로라면 2012
년 8월에 퀄 시험을 통과하고 3년 차여야 했던 때다. 하지만 내 계획
은 뜻대로 되지 않았다. 석사학위를 위해서 한 학기를 석사과정 학생
으로 다니면서 끝없이 진로에 대해 고민하기 시작했다. '과연 내가 공
부를 하는 것이 최선일까? 아니면 회사를 가야 할까? 다시 학교를 지
원한다면 입학허가서를 받을 수 있을까?' 머릿속에 온갖 생각이 들기
시작했다. 그래서 일단 인더스트리에서 내가 어떤 일을 할 수 있는지
찾아보기 시작했다. 그리고 회사 내부 리서치 포지션, 정부 기관, 연구
소 등 최대한 갈 수 있는 옵션들을 많이 찾아보고 레쥬메résumé를 작
성해 지원했다. 하지만 결과는 참담했다.

다시 한번 도전해서 끝까지 가보고 싶었다

나는 아무 곳에서도 연락받지 못했다. 우울한 시기를 보내면서도 학교에 대한 미련을 버리지 못했다. 박사과정생으로서의 내가 가장 좋았고 공부하고 연구하는 내가 내 정체성의 가장 큰 부분을 자리잡고 있음을 깨달았다. 그래서 다시 한번 도전하기로 했다. 결심한 순간 주변의 수많은 카더라 통신이 나를 괴롭혔다. 퀼에 떨어진 사람은 어쩔 수 없이 떨어진 학교보다 한 등급 낮은 학교에 가야 한다는 둥, 결국엔 학교에서 쫓겨났다는 둥, 레퍼런스가 입학허가서를 못 받게 한다는 둥, 정말 별별 말들이 많았다. 하지만 그런 말들을 무시했다. 사실이라고 하더라도 내가 직접 경험해보고 도전해보고 끝까지 가보고 싶었다.

석사학위로 졸업하게 되면서 비자 상태를 유지하기 위해서 OPT **Optional Practical Training**를 신청해야 했다. OPT 기준으로 약 5월까지만 미국에 머무를 수 있었다. 입학허가서가 나오는 데드라인이 대략 4월 15일 정도임을 고려하면 넉넉하진 않았다. 그래도 모든 인터뷰 절차를 미국에서 할 수 있었다. 한국에 들어가서 편하게 집에서 지원해볼까 생각도 했다. 하지만 왠지 한국에 들어가면 다시는 미국에 나올 수 없을 것 같았다. 학교에서 잘려서 석사학위만 달랑 들고 초라한 행색으로 공항에서 부모님을 만나고 싶지도 않았다. 어떻게든 미국에서 다시 입학허가서를 받아서 금의환향하고 싶었다.

인생이 뜻대로 되지 않지만 기적은 있다

나는 약 20개의 지원서를 미국 전역에 보냈고 생각보다 많은 인터뷰를 받았다. 하지만 최종 입학허가서까지는 잘 이어지지 않았다. 또다시 인생은 계획대로 흘러가지 않았다. 나는 4월 14일에 한국으로 돌아가는 비행기를 타야만 했다. 빈손으로 돌아가야 한다는 생각 때문에 우울한 하루하루를 보냈다. 비행기 안에서 생각했다. '정말 할 만큼 지원해보고 후회 없이 도전해봤다. 다시 한국에 들어가서 일자리를 찾아보고 일을 하면서 그래도 공부에 미련이 남으면 다시 지원해보자.'

부모님 집에서 홀가분하게 자고 일어난 그다음 날 아침에 나는 내 눈을 의심했다. 내 이메일 받은편지함에 내가 가장 가고 싶었던 프로그램에서 보낸 입학허가서가 와 있었다. 그날이 4월 15일이었는데 4월 16일까지 결정해달라는 이메일이었다. 나는 정말 믿을 수가 없었다. 퀼에 떨어진 내가 그것도 가장 가고 싶은 대학원 과정에 마지막에 입학허가서를 받은 것은 기적과 같은 일이었다. 나는 새 학교에서 생각보다 훨씬 더 잘 적응했다. 첫 번째 학교에서 2년간 열심히 좌충우돌했던 경험이 큰 도움이 됐다. 학교에 다니면서 '혹시 또 학교에서 쫓겨나게 되면 어떻게 하지?' 하는 불안감이 남아 있었지만 전공과목 성적도 노력한 만큼 잘 나왔기에 근거 없는 불안감은 곧 사라졌다.

16

박사과정 3년 차로
다시 돌아간다면 어떻게 했을까

나는 두 번째 학교에서는 생각보다 편안한 마음으로 공부할 수 있었다. 아무래도 1~2년 차를 두 번째 하게 돼서인지 마음의 여유도 생겼고 또 어떠한 마음가짐과 태도로 박사과정을 보내야 하는지 잘 알고 있었다. 퀄 시험 준비 또한 그 전 학교에 있었을 때보다 훨씬 수월하게 할 수 있었다. 열심히 한 만큼 결과도 잘 나왔다. 무사히 퀄 시험에 통과했고 3년 차가 됐다. 그런데 퀄 시험 후 긴장이 풀린 내 생활에 몇 가지 후회되는 점들이 있었다.

집에서만 공부하지 않았을 것이다

보통 박사과정 3년 차가 되면 긴장이 풀린다. 1~2년 차 때 새로운 환경에 적응하며 전공과목을 듣느라 많은 에너지를 쓴데다가 그 피날레를 엄청나게 압박이 큰 퀄 시험으로 하기 때문이다. 퀄 시험이 끝나고 나면 대부분 번아웃이 되고 짧게는 2주에서 길게는 약 한 달간 아무것도 하지 못한다. 그리고 3년 차가 되면 전공과목을 들어도 되지 않는 경우가 대부분이라서 (자발적으로 선택해서 듣는 것을 제외하고는) 더 많은 자유시간이 주어진다.

집순이었던 나는 3년 차 때 수업을 안 들어도 된다는 자유를 만끽했던 것 같다. 그래서 오피스에 가기보다는 주로 집에서 공부하는 날이 많았다. 꼭 교육조교를 해야 하는 날과 교수와의 미팅이 있는 날 위주로 학교를 나갔다. 뭔가 자유가 생기고 나니 마음에 여유도 생겼는지 1~2년 차 때만큼 그런 절박함이 많이 없어졌다. 특히 집에서 공부하게 되면서 어쩌다 보니 집안일에 많은 시간을 쏟게 됐다. 학교에서 지낼 때는 집이 지저분한 줄도 몰랐다. 그런데 집에서 일하다 보니 하나하나가 다 거슬렸고 집안일에 몇 시간을 쏟게 되어 그만큼 연구할 시간은 줄어들 수밖에 없었다.

또 집 밖으로 나가지 않게 되면서 사람들도 점점 안 만나게 되어 상호작용이 많이 줄어들었다. 문득 많이 외롭고 우울해져서 일이 손에 잘 잡히지 않은 날들이 있었다. 그때 매일 일정한 시간에 오피스에 나가서 일하는 시스템을 갖추고 같이 일하는 다른 학생들을 만났더라면 자연스럽게 문제가 해결됐을 것 같다. 특히 퀄 시험 직후에는 나를 밀어붙이기보다는 길지 않은 시간 동안만 오피스에서 일하는 스케줄을 정해놓고(예를 들면 매일 6시간, 오전 10시~오후 4시) 짧은 시간 집중해서 일했다면 훨씬 효율적으로 일할 수 있었을 것이다.

여러 교수들과 가깝게 지냈을 것이다

　대학원도 하나의 작은 사회이다. 사회생활에서 꼭 필요한 것은 좋은 인간관계를 갖는 것이다. 박사과정 1~2년 차는 박사과정생이라고 부르고 3년 차 이후로는 박사후보생이라고 부른다. 만약 학계에 계속 남을 생각이 있다면 잠재적으로 교수가 될 가능성이 있다. 그래서 3년 차 박사과정 학생들이 자신을 더 이상 학생으로만 생각하지 말고 곧 교수가 될 사람soon-to-be professor으로 포지셔닝했으면 한다. 교수로 임용되기 위해서는 적어도 2~3장의 추천서가 필요하다. 이 추천서를 과연 누구에게 받을 수 있을 것인가를 3년 차 때부터 잘 생각해보고 잠재적으로 써줄 만한 교수님들과 좋은 관계를 맺어두는 것이 좋다.

　학생들은 대부분 지도교수님과 주로 일하다 보니 다른 커뮤니티 멤버들과 함께 적극적으로 연구를 할 시간이 부족한 경우가 많다. 그렇다 하더라도 꾸준히 다른 커뮤니티 멤버들과 연락하며 지내고 모르는 것도 물어보며 관계를 유지해야 잡마켓에 나갔을 때 추천서를 부탁하기가 수월하다. 나의 경우 한 커뮤니티의 교수가 추천서 써주는 것을 거절했다. 함께 연구한 시간이 적고 추천서를 써줄 만큼 잘 알지 못한다는 이유였다. 물론 다른 분께 다시 추천서를 받으면 되지만 정말 극도로 예민한 잡마켓 시기를 코앞에 두고 추천서를 부탁한 것인데 거절당하면

심하게 멘붕이 온다. 따라서 조교를 하며 알게 된 교수이든 졸업논문 커뮤니티이든 3년 차 때부터 꾸준히 좋은 관계를 잘 유지해야 한다. 그래야 추천서를 받기도 쉽고 나중에 필요할 때 도움을 받을 수도 있다.

학회 네트워킹을 적극적으로 했을 것이다

내가 들어간 박사과정에서는 5년간 약 3,000달러 정도의 트래블 펀드travel fund가 주어졌다. 이 펀드는 보통 학회에 갈 때 쓰는 경우가 많다. 학회 한 번 가려면 항공료, 학회 등록비, 숙박비를 등 3,000달러가 넘게 든다. 그래서 보통 잡마켓이 열리는 학회 때 이 펀드를 쓰기 위해 졸업 직전까지 아껴 두었다가 쓰는 경우가 많다. 미국은 보통 주를 번갈아 가며 학회가 열린다. 간혹 우리 학교와 가까운 장소에서 학회가 열리는 경우도 있었다. 그럴 땐 직접 운전하고 가서 학회에 참석하여 관심 있는 세션을 듣고 다른 학교에서 온 박사과정생들도 만나서 네트워킹을 했다.

하지만 나는 내성적인 성격 때문에 조금 더 적극적으로 네트워킹하지 않은 것이 후회된다. 만약 그때 다른 학교 박사과정생들과 조금 더 가깝게 잘 지낼 수 있었더라면 같이 연구도 하고 잡마켓에 나갔을 때 서로 정보 공유도 하는 등 여러 도움을 받았을 것이다. 또한 내 잠재적 고용주인 다른 학교의 교수들과 적극적으로 네트워킹하지 못한 것도 후회된다. 잡마켓에 나가게 되면 나를 인터뷰하는 사람들은 해당 학교의 교수들이다. 그들 대부분은 연구에 적극적으로 참여하기 때문에 학회에 참석하는 경우가 많다. 학회에 내 얼굴과 이름을 조금이라도 알리고 친분을 쌓아두면 분명 이런 요소들이 잡마켓에서 내 패킷이 다른 경쟁자들보다 돋보이는 등 긍정적인 영향을 끼칠 수밖에 없다.

'박사를 끝까지 해야 하나?'

17

누구나 박사를 그만둘까 하는
고민에 빠진다

'박사를 그만둘까.'

많은 박사과정생이 하는 고민이다. 실제로 내 주변에도 이런 사례가 있었고 나 또한 이런 생각을 한 번도 안 한 것은 아니다. 박사과정 내내 자존감이 많이 떨어져 있었고 가족들은 다 한국에 있어서 외롭고 한 치 앞날이 보이지 않았다. 그러니 이런 생각이 드는 것은 어쩌면 당연할지도 모른다. 한 번씩 한국에 가서 가족들과 시간을 보내다 미국으로 돌아가야 할 날이 다가오면 미국에서 혼자 외롭고 괴롭게 뭐 하고 사는 건지, 무슨 부귀영화를 누리려고 그 타국에서 외국인 노동자로 사는 건지 하면서 그렇게 우울할 수 없었다.

혼자 외롭게 공부하다 보면 흔들릴 수 있다

그러다 보니 미국에서 혼자 공부해야 할 수밖에 없는 상황에 대한 회의감이 짙어지고 과연 박사를 해야 하나 하는 자조적인 질문까지 던지게 됐다. 내가 다른 학생들에 비해 연구를 뛰어나게 하는 것도 아니었고 그렇다고 공부가 미친 듯이 재미있고 좋은 것도 아니었다. 이런 생각이 반복될 때마다 이러한 심오한 질문은 박사학위를 받고 나서 하자고 다짐하고 덮어두었다. 정말 일생일대의 중요한 질문이 될 수도 있다. 나는 멘탈이 약하고 정서적으로 불안한 상황에서 이성적으로 의사결정을 할 수 없다는 걸 알기 때문이다.

그래서 주변에서 비슷한 질문을 하는 부류의 학생이 있으면 그리고 친한 사이라면 먼저 이렇게 질문한다. "요즘 안 바빠?" 그럼 대부분 뼈를 맞았다는 표정으로 "네. 그런 것 같아요." 하고 대답했다. 또 다른 학생 부류는 정말 공부 자체가 너무 싫어서 더 행복할 수 있을 것 같은 다른 일에 대해 구체적인 고민을 했다. 이런 학생 중에는 정말 버티고 버티다가 학교를 그만두기도 했다.

박사를 해야만 행복해지는 것은 아니다

박사학위를 받고 보니 참 잘 받았다는 생각이 든다. 그동안 정말 잘 참고 애썼다는 생각이 든다. 하지만 확실한 것은 박사가 인생의 전부는 아니며 박사를 해야만 인생이 행복해지는 것은 아니라는 것이다. 실제로 박사를 그만두고 사업체를 차려서 더 크게 성공한 친구들도 있고 회사에 취직해서 교수 월급보다 훨씬 더 많은 월급을 받으며 승승장구한 친구들도 있다. 아예 모두 그만두고 가정을 꾸려서 아기를 낳고 행복하게 사는 친구들도 있다. 과연 그들의 삶은 실패했다고 할 수 있을까? 나는 그들이 박사를 그만둘 용기가 있는 정말 대단한 친구들이라고 생각한다. 그만큼 한 분야에서 치열하게 해보았기 때문에 그런 결정 또한 과감하게 내렸을 것이다.

18

마음의 건강은
몸에서 온다

코로나19 때문에 많은 사람이 집에서만 머무르면서 우울증에 더 쉽게 걸리는 것 같다. 특히 유학생들이 학교에 못 가고 집에서 온라인으로 수업을 들으며 고립되면서 심리적으로 많이 힘들어한다는 이야기를 들었다. 나는 박사과정 때 불안감과 우울증을 겪으면서 마음의 감기를 다스리는 방법을 많이 알게 됐다. 여러 가지 방법 중에 내가 빠지지 않고 거의 매일 시도한 방법은 햇빛 보며 걷기, 땀 흘리며 운동하기, 매주 1회 친목 활동하기다.

아무리 바쁘고 힘들어도 운동을 하자

특히 운동은 정말 꾸준히 빠지지 않고 했다. 정말 바쁘고 힘들어서 운동을 못 해도 연속으로 3일이 넘어가지 않도록 4일째에는 무조건 움직였다. 운동의 끈을 놓지 않으려고 부단히 애썼다. 정말 일이 안 돼서 답답하거나 교수님과 미팅하다가 부정적인 코멘트를 받은 날이면 운동으로 스트레스를 풀기도 했다. 그리고 적어도 일주일에 한 번 정도는 친구들을 만나 학교에서 좀 떨어진 곳으로 바람을 쐬러 가거나 밥을 먹으러 갔다. 의식적으로 학교와 물리적인 거리를 두면 스트레스가 풀리고 뭔가 잘할 수 있을 것 같은 자신감을 되찾았다.

만약 우울감이 사라지지 않고 무기력한 생활이 계속된다면 일단 가장 먼저 해야 할 것은 어떻게든 몸을 움직여서 밖으로 나가는 것이다. 욕심을 부려서 운동을 하겠다고 무리수를 쓰면 결국엔 안 하게 되고 다시 침대에서 빠져나오지 못하게 될 수 있다. 하루를 시작하기 전 커피를 사러 간다든지, 매일 일정한 시간에 장을 보러 간다든지 등의 일정한 루틴을 정하고 조금씩 몸을 움직여 밖으로 나가면 조금씩 생동감이 돌기 시작할 것이다.

무기력해졌을 때는 몸을 움직이자

내가 무기력했던 시간을 돌이켜보면 어김없이 거의 집에서만 콕 박혀 일하면서 하루 활동량이 2,000걸음이 안 됐을 때가 대부분이었다. 무기력을 떨쳐내기 위해서 가장 먼저 시도한 것은 집에서 가까운 커피숍에 멍을 때리러 갈 생각으로 랩탑을 들고 집 밖으로 나가는 것이었다. 만약 커피숍에서 일해야 한다고 생각했다면 나는 밖으로 나가지 못했을 것이다. 그리고 이런 루틴이 어느 정도 자리가 잡혔을 때 매일 30분 산책하기 또는 몰에서 구경하며 걷기 등 조금씩 강도가 높은 바깥 활동을 일상 속의 루틴으로 만들어갔다. 그러면서 조금씩 무기력이 극복되는 것을 체감할 수 있었다. 건강한 몸에 건강한 정신이 깃든다는 옛말은 진리이다. 우울하고 무기력하다면 몸을 움직여서 마음의 감기를 물리치자.

19

우울증에 빠졌을 땐
어떻게 해야 할까

나는 박사과정 5년 차쯤에 전 세계 약 100개의 학교에 원서를 보냈다. 우리 과의 경우 가을학기부터(9월경) 교수로 일하기 위해서는 약 1년 전 봄부터 지원서를 쓰고 인터뷰 준비를 한다. 지원서를 보낸 후로는 종일 핸드폰을 붙잡고 있고 이메일 오는 소리 하나하나에 예민해질 수밖에 없다. 특히 만약 같은 해에 잡마켓에 나가는 동기가 있다면 신경은 더 날카로워진다.

정신과 상담을 받는 것도 도움이 된다

나는 중간에 학교를 옮기게 되면서 어쩌다 보니 유학 생활이 두 배로 늘어났다. 만약 올해에 임용되지 못하면 내 유학 생활은 얼마나 더 길어질까 하는 막연함에 힘든 나날들을 보냈다. 어느 날 운전해서 귀가를 하는데 스트레스가 극에 달한 나머지 '아, 내가 죽기는 싫고 누군가가 내 차를 박아서 사고가 난다면 내 인생은 이대로 끝날 수도 있겠네. 그럼 어떨까?' 하는 생각이 들기도 했다.

그때만 해도 내 정신 상태가 얼마나 불안한지 알지 못했다. 그런데 성당 친구들 중 가정의학과 의사가 있었다. 그가 내가 힘들어하는 이야기를 들어보더니 정신과 상담을 받아보면 도움을 많이 받을 수 있을 것 같다고 이야기해주었다. 정신과에 가서 받은 진단명은 불안장애와 우울증이었다. 약을 처방받고 의사가 알려준 방법대로 꾸준히 약을 먹었다. 항우울제에 대한 카더라 통신이 정말 많지만 나는 의사의 말만 들었다. 약을 꾸준히 먹은 결과 심적으로 많이 안정됨을 느낄 수 있었다. 그 후에는 내 멘탈 상태를 예민하게 관찰하고 평소보다 더 불안하고 우울한 감정이 들면 바로 병원을 찾아갔다.

전문가의 도움을 받으면 훨씬 나아진다

많은 대학원생이 우울증 때문에 힘들어한다. 특히 코로나19로 인해 홀로 고립된 시간이 많아지면서 더 심해진 것 같다. 내 유튜브 채널에 우울증 경험을 공유했는데 그 이후로 꾸준히 이메일을 많이 받고 있다. 내용을 보면 대부분 자신도 우울증이 있지만 병원에 가기가 너무 힘들고 혹시 약을 먹어야 하는 상황이나 또 약을 먹고 나서 끊기가 힘들어질 상황이 생길까 봐 선뜻 전문가의 도움을 받지 못한다는 것을 알게 됐다.

나는 이런 사람들에게 망설이지 말고 무조건 병원을 찾아가라고 권한다. 개개인의 증상이나 상황이 다르기에 전문지식이 없는 내가 의학적인 조언을 해줄 순 없다. 하지만 분명한 것은 전문가의 도움을 받는다면 지금보다 상황이 훨씬 나아지리라는 것이다. 함부로 내 병을 판단하지 말고 그 분야에서 몇 년씩 공부한 사람에게 맡기는 것이 훨씬 현명하다.

20

어떻게 교수 임용이
될 수 있을까

　경영학과 마케팅의 잡마켓은 매년 8월에 열린다. 여기에 참석하기 위해 보통 4월 정도부터 제출 서류들을 준비하기 시작한다. 과마다 대부분 다르겠지만 보통 커버 레터cover letter, 이력서CV, 연구 기술서 research statement, 강의 기술서teaching statement, 추천서 3통3 recommendation letters, 작문 샘플writing sample을 요구하는 경우가 대부분이다. 요즘 트렌드는 커버레터, 이력서CV, 그리고 지도교수에게 받은 추천서recommendation letter from advisor를 제출하는 경우가 많다. 지원자마다 다르겠지만, 나는 대략 4월부터 잡마켓을 본격적으로 준비했다.

어떻게 잡마켓 준비를 할 것인가

　경영학과 마케팅의 경우 어떤 학교에서 사람을 뽑는지에 대한 정보가 여러 사이트에 올라온다. 그중에서도 대표적인 사이트는 하이어에드잡스HigherEdJobs이다. 여기서 정보를 보고 잡 공고에 나온 설명에 따라 지원서를 제출하면 8월에 잡마켓이 열리는 학회 전까지 연락이 온다. 연락을 기다리는 이 시기는 극도로 초조하고 예민해서 연구실에서 종일 휴대폰과 이메일을 체크하며 기다리는 인내의 시기이다. 나에게 관심이 있는 학교는 8월에 열리는 학회에서 언제 인터뷰를 할 수 있는지 스케줄을 잡고 인터뷰에 걸리는 시간(대부분 30분 또는 1시간)과 내가 준비해야 할 자료research presentation, 인터뷰를 할 교수에 대한 정보를 준다.

　간혹 이런 정보를 주지 않을 때는 지원자가 적극적으로 물어봐서 인터뷰에 잘 대비해야 한다. 인터뷰를 많이 받으면 받을수록 내가 올해 임용될 기회가 높다는 것이고 또 한편으로는 인터뷰가 열리는 학회에서 굉장한 체력이 필요하다는 것을 뜻한다. 나는 약 13개의 학교에서 인터뷰를 요청했고 하루에 3~4번 인터뷰를 했다. 인터뷰를 하나 하고 호텔방에 들어올 때마다 기진맥진해서 침대에 쓰러졌다.

인터뷰를 할 때는 긴장을 늦추지 말자

인터뷰를 마치고 빠르면 1~2주 내로 다시 학교에서 연락이 온다. 이 경우는 대부분 캠퍼스로 지원자를 불러서 하루 또는 이틀에 걸쳐서 인터뷰하는 경우이다. 평균 한 학교당 2~3명 정도를 캠퍼스로 부르는데 캠퍼스 초대장invitation을 받았다는 것은 정말 임용될 기회가 높다는 것이다. 캠퍼스에서 인터뷰를 하게 되면, 그 과에 있는 교수들을 일대일로 약 30분간 만나고 연구에 대한 프레젠테이션을 2시간 정도 한다. 그런 뒤 학생들을 따라 캠퍼스 투어와 동네 투어를 하고 나서 모든 교수가 모인 자리에서 식사를 한다. 이 시간에 약간 긴장이 풀어질 수도 있다. 하지만 인터뷰의 연속이기에 절대 긴장을 늦추면 안 된다.

모든 인터뷰를 마치면 최종 결과를 빠르면 일주일 내에 알려준다. 다른 지원자의 캠퍼스 인터뷰 스케줄에 따라 더 늦게 오기도 한다. 내가 아무리 인터뷰를 잘 봤다 하더라도 학교는 예정된 스케줄대로 다른 인터뷰를 진행하기 때문에 나는 다 끝날 때까지 기다려야 한다. 잡마켓은 기다림의 연속이다. 이 시간 동안 멘탈이 강한 사람들은 계속해왔던 리서치를 다시 시작한다. 하지만 대부분은 또 다른 학교에 가서 캠퍼스 인터뷰를 하거나 초조해서 다른 일들이 손에 잘 안 잡힌다. 최종적으로 오퍼 레터가 오면 학교와 협상을 진행하게 되고 최종적으로 사인을 한다. 그러면 길고 긴 어두운 터널 같은 박사과정에 한 줄기의 강한 빛이 비춘다. 이제 정말 끝이다.

다시 앞으로의 10년을 준비하며

내가 대학원이라는 주제로 유튜브를 시작한 것은 나처럼 똑똑하지 않은 사람도 포기하지 않고 꾸준히 도전하면 꿈을 이룰 수 있고, 한 번 실패했다고 해도 최선을 다했다면 괜찮다고 이야기하고 싶었기 때문이다. 그리고 책을 집필하는 데 참여한 것은 영상이라는 포맷의 한계 때문에 구체적으로 하지 못한 이야기를 체계적으로 담고 싶었다.

하지만 세상에는 다양한 사람들이 있기에 질타도 많이 받았다. 톱스쿨에 있는 교수도 아니면서 왜 저렇게 나대냐고도 하고 테뉴어 받은 교수도 아니면서 경거망동한다고도 하고 또 차마 입에도 담을 수 없을 욕이 댓글로 달리기도 했다. 그런 댓글들을 보면서 유튜브를 한 걸 후회하기도 했다. 그리고 이 책을 쓰는 중간에도 문득 나의 의도가 왜곡되어 전달될까 봐 움츠러들기도 했다. 하지만 내가 겪었던 시행착오를 겪고 있을 대학원생들과 예비 대학원생들에게 나의 경험을 생생하게 전달하고 싶다. 유튜브 댓글들을 통해 많은 학생에게 고민 상담 요청을 받는다. 그들의 고민들을 보면서 많은 연민을 느낀다. '아, 나도 그런 시절이 있었지.' '아, 조금만 힘을 내면 되는데.' '별일 아닌데 조금만 툭툭 털어냈으면 좋겠다.' 그 이유는 아마 내 인생의 가장 힘들고 치열했던 시간들이 바로 대학원 시절이었기 때문일 것이다. 내가 퀄시험에 떨어져서 몇 년이라는 시간을 우회했어야 했을 때 그때 당시의 좌절감은 정말 이루 말할 수 없었다. 하지만 그 시간들을 버티고 교수가 된 지금의 나는, 묵묵히 지나온 그 시간들이 결코 길게 느껴지지 않고 그저 내가 지나와야만 했던 시간들임을 느낀다. 많이 힘들고 버거웠지만 그 시간들이 있었기에 여기까지 올 수 있었다.

많은 구독자가 묻는다. 그 시간을 돌아서 최종 목적지에 도착한 지금 나를 움직이게 하는 또 다른 원동력은 무엇이냐고.

9년간의 유학 생활을 거쳐 교수가 됐지만 아직 갈 길이 멀다. 테뉴어 심사 기준에 부합하는 연구 성과도 내야 하고 학생들에게 수업 평가도 꾸준히 잘 받아야 한다. 내가 이런 책을 쓸 자격이 있느냐는 질문을 스스로 해보았다. 지난 9년간 고군분투하며 힘든 시간을 견뎌온 과거의 내 모습이 주마등처럼 머릿속을 스쳐 지나갔다. 내가 지금 꾸는 또 다른 꿈은 내가 연구하는 분야에서 앞으로 10년 안에 조금씩 두각을 나타내는 것이다. 그리고 나와 같이 고군분투하며 꾸준히 포기하지 않고 도전하는 대학원생들에게 잘할 수 있다고 힘과 용기를 실어주고 싶다.

3장

학계를 떠나 FAANG 기업에
취업한 이야기

· 유두희 박사편 ·

대학원 졸업 후의
다양한 진로에 관해

대학원은 나의 오랜 꿈이 실현된 곳이다. 또 그 꿈의 끝에서 전혀 생각지 못했던 새로운 시작을 하게 해준 곳이다. 나는 누가 뭐래도 열심히 연구하고 길을 닦아서 후학을 양성하고 멘토 같은 좋은 교수가 되리라고 굳게 믿었다. 도쿄대학교에서 외국 학생으로는 꽤 이례적으로 연구생 과정 없이 바로 대학원 입시에 합격했고 입학 후에는 전액 장학금을 받고 석사과정을 다녔다. 그런 배경으로 인해 나의 근거 없는 자신감은 박사과정 입학 시도 첫해의 처절한 완패에도 꺾이지 않았다. 석사 졸업 후에 한국 대학생이 모두 들어가고 싶어 한다는 대기업에서 신종플루에 걸려 일하면서도 새벽까지 공부해서 GRE며 토플이며 방대한 입학 서류 준비를 해도 지치지 않았다. 의심의 여지 없는 확신으로 가득 찬 박사과정 입학이었다. 한 번의 실패 후에 어렵게 이론 박사과정 대학원 입학은 내가 한 번도 생각해보지 못한 시각을 열어주었다.

설명하자면 나는 고등학교에서 로봇을 만드는 동아리를 만들고 이끌어 국내외 올림피아드를 석권했던 국내 취미 로봇 1세대이다. 인체 움직임을 닮은 2족 보행에 끌려서 대학에서는 의공학을 전공했고 석사과정에서는 이것을 더 발전시켜 근육의 기계적 물성을 연구하고 수학적으로 시뮬레이션하는 연구를 했다. 한 번의 고배를 마시긴 했지만 박사과정도 완전무결한 확신으로 꼭 진학하고 싶었다. 학비를 낼 방법은 없었지만 일단 가서 한 학기만이라도 해보고 돌아오리라 다짐했다. 박사과정을 시작했고 근육의 피로가 운동 제어 실패에 미치는 영향을 산업재해의 데이터로 연구하는 일을 했다. 우수 논문상도 탔고 학회도 자주 참여했으며 논문도 곧잘 출판됐다. 그렇지만 내가 학교에서 만난 사람들은 내가 가진 것보다 훨씬 더 큰 열정과 실력을 두루 갖춘 이미 후광이 빛나는 그런 박사과정 학생들이었다.

박사과정엔 무림의 고수들이 정말 많아도 너무 많았다. 나는 연구도 좋아하고 안 풀리는 문제를 붙들고 풀어낼 끈기도 있었지만 진심으로 그 과정을 애타도록 즐거워하는 동기들과는 결이 다르다는 걸 알게 됐다. 나는 멘토들의 뒤를 따르는 교수가 되겠다는 다소간 맹목적이었던 오래된 꿈을 분해해 하나씩 검증하는 대학원 시절을 보냈다. '이 길이 맞는 건가? 이 길이 아닌 건가?' 끊임없이 고민하며 전진인지 퇴보인지 모를 인생의 시간을 가장 물질적으로 가난하고 육체적으로 고단하며 정신적으로 찬란하게 번뇌하며 지나왔다.

결국 학사 4년, 석사 2년, 그리고 박사 3.5년 동안 온 신경과 정열을 다해 사랑한 나의 연구 주제를 접기로 했다. 고용주가 제시하는 연구 주제를 내 연구 주제만큼 열정을 쏟아부어 가며 할 수 있을까 하는 고민이 돼 마음이 복잡했다. 그러면서 학교 밖 세상에 나가기 위해 무얼 준비해야 할지도 잘 모르는 채로 떠날 채비를 했다.

그렇게 나는 전쟁터 같았던 대학원에서 완성되지 않은 듯한 상태로 튕겨지듯 나왔다. 아카데미아에도 그 밖의 세상에도 완전히 속하지 못한 채 연옥을 떠도는 영혼 같았다. 매일 정신없이 고용주가 던져 준 문제의 답을 찾아야 하는 미션을 헤쳐가며 7년의 세월을 지나 유엔 정직원과 실리콘밸리 회사에서 머신러닝 연구팀을 이끄는 연구 매니저의 자리에 도달해보니 예전의 나와 같은 고민을 하는 신입 연구원을 많이 보게 됐다. 그들과 함께 일하며 아직도 대학원에 가야 하는지 물어봐 오면 상담을 해주며 살고 있다. 예비 박사들과 신입 박사들의 반복된 패턴의 질문(이라기보다는 한탄에 가까운 것들)에 대답하다가 그 경험을 토대로 실리콘밸리 팡FAANG 회사들과의 인터뷰 경험과 회사에서 박사로 살아남는 노하우를 공유하는 블로그를 운영 중이다.

나 또한 아직 실수투성이인지라 나와 같은 고민을 하는 다른 사람들은 어떻게 이 길을 헤쳐나가는지 살피게 됐고 앞서 이미 그 길을 가본 선배들이 알려준 지도 몇 개를 참고삼아 지뢰밭 같은 험난한 길을 헤쳐가고 있다.

그러던 중 구글의 알고리즘이 연결해준 윤은정 교수와의 인연으로 공동집필 프로젝트에 참여하게 됐다. 이 책의 또 다른 공동 저자인 김세정 교수도 만나서 함께 대학원 시절을 돌아보며 우리가 얼마나 처참하게 용감한 대학원생의 삶을 살았는가를 돌아봤다. 그래서 과거 대학원생일 때의 나는 몰랐지만 지금 그 길을 걸어가려는 당신에게는 미리 꼭 일러주고 싶은 '대학원생 때 알았더라면 좋았을 것들'에 대해 이야기해보려고 한다. 우리가 전할 이 많은 팁 중의 하나라도 마음에 남아 폭풍이 휘몰아치는 대학원 생활에 눈을 둘 푯대가 돼주기를 바란다.

1

대학원에 진학할 것인가, 말 것인가

　인생은 길고 내가 온전히 나의 다짐으로 인생의 향방을 결정하는 시기는 찰나와 같이 짧다. 대학원을 옆 동네 맛집 추천하듯이 가벼운 마음으로 가보라고 할 수는 없다. 그렇다고 결연한 마음을 가져야만 시작할 수 있는 곳도 아니다. 학부 때 지도교수님들에게 1980~1990년대 유학 시절 이야기를 듣고 자란 나 또한 대학원이라는 곳은 한 번 가면 돌아오지 못하는 무시무시한 곳 같은 생각이 들었던 게 사실이다. 하지만 요즘은 이역만리 타국이라 부를 곳도 없고 마음만 먹으면 하루에 다녀오지 못할 곳도 없다. 집에 소식 한번 전하려면 몇 달을 기다려 편지를 왕래하거나 한 끼 밥값을 희생해야 집에 국제전화 한번 걸 수 있는 시절은 더더욱 아니다. 그러니 변수도 많고 답도 없는 "내가 할 수 있을까?"라는 질문보다 "내가 하고 싶은가?"라는 질문으로 바꾸어보길 바란다. 그러면 답은 아주 간단하게 나올 것이다.

그 대학원이라는 곳은 대체 뭐 하는 곳인가

대학원의 정의는 전공마다 다를 것이고 학교마다도 다를 것이고 아마 국가마다도 다를 것이다. 나는 일본에서 석사과정을 밟았고 미국에서 박사과정을 했다. 그리고 유엔에서 일하는 동안에는 스위스의 대학원 기숙사에서 지내면서 그곳 대학원생들과 교류하며 유럽 대학원도 살짝 들여다보았다. 결론적으로 각양각색이다. 그러니 대학원이란 통상 3+1년의 학부 과정을 끝내고 진학하는 학문의 기관으로 조건을 이수하면 상위 학위를 수여하는 곳이라고 정의하면 표면적으로 적절한 의미라고 볼 수 있다.

그래서 대학원에 진학한다고 함은 야간 대학이나 주말 대학원의 경우를 제외한다면 이 결정은 돈을 벌 수 있는 기회비용을 내고 내가 더 공부해보고 싶은 토픽을 연구하고 발전시켜 나의 학문적, 전문적 영역을 구축하러 가겠다는 뜻이 된다. 전문대학원은 연구보다는 좀 더 심도 있는 직업훈련을 하는 곳이라고 볼 수 있다. 그러나 그것 역시 필드에서 부딪혀가며 배우는 느린 체득의 시간을 대신해 학비를 내고 더 빠르고 체계적으로 배운다는 의미에서 소득의 포기를 의미하는 것이다. 노동 통계에서 대학원생들은 주로 비경제활동인구로 잡는 걸 보면 알 수 있을 것이다.

학과에 따라 일정 소득이 주어지는 때도 있다. 그러나 이것은 학업 장려금이 아니라 내가 속한 연구그룹에 일정의 노동력을 제공하며 받는 지적 노동에 대한 근로 소득이다. 경우에 따라 나의 학문적 소양의 탁월함이 증명되면 해당 분야를 더 연구해 발전시키도록 장려하는 의미로 장학금이 수여되기도 한다. 하지만 이 두 가지가 없다고 대학원에 못 가는 건 아니다. 나 역시 입학 당시 이 두 경우에 해당하지 않았으나 입학 후에는 학교에서 정한 한 학생의 장학지원금 한도를 넘어선 관계로 받은 장학금을 학교에 돌려줘야 할 만큼 많은 장학금을 받았다.

일반 대학원과 전문대학원 중 어디를 가야 할까

석사학위의 경우 내가 알고 싶은 토픽이 일반 대학원과 전문대학원에서 모두 다루어지는 경우가 있다. 그래서 이 질문의 가장 좋은 답은 내가 가고 싶은 대학원의 홈페이지에서 해당 학과의 강의계획syllabus과 온라인 오픈코스 등을 확인해보자. 내가 배우고 싶은 내용은 어느 대학원으로 가야 배울 수 있는지 확인해보면 가장 확실하다. 그런데 누군가 옆에서 손잡고 앉아서 이 수업이 다루는 내용의 깊이가 어느 정도인지 하나하나 알려주는 게 아니라면 정확히 알기는 어렵다. 다른 방법으로 이 질문의 답을 찾는 경로는 해당 학과의 졸업생 통계를 살펴보면 된다. 졸업생들이 어디로 가는지의 통계만큼 해당 학과에 대해 자세히 이야기해주는 지표는 없을 것이다.

우리가 일반적으로 말하는 대학원의 기능이란 기존의 연구를 이해하고 그에 따라 나 또한 그런 연구를 해낼 수 있는 연구자로서의 기량을 쌓는 곳이라고 할 수 있다. 그로 인해 나 또한 연구 분야의 발전에 이바지하는 것이 학생으로서 충족시킬 대학원의 최종적인 순기능일 것이다. 그래서 학부를 졸업하고 대학원에 가면 서서히 느끼게 된다. 예전엔 내가 원하는 지식을 쌓으려면 교과서를 처음부터 끝까지 공부하면 익힐 수 있었다. 그런데 대학원 공부는 그렇게 체계적으로 학습할 수 있는 지식의 영역이 점점 줄어들었다. 대학원은 자주적으로 더 많은 날것의 지식을 가장 효율적인 방법으로 내 것으로 만들어야 하는 곳이다. 그리고 그 분야의 땅을 개간해서 논문이라는 형식의 지도로 남겨서 다른 사람이 그 길을 편히 갈 수 있게 해주는 것과 같다. 간단히 말해 롤게임에서 자꾸 전진하며 지도를 확장하는 것과 비슷하다고 보면 된다.

그와 달리 전문대학원은 주로 실무 경력이 있는 교수진이 해당 업무에 바로 사용할 수 있는 지식과 방법론의 흐름 등 실무를 준비하거나 비교적 실무 경력이 짧은 경력자인 수강생들에게 전수하는 포맷이다. 그래서 더 심도 있는 전문적 직업교육이 가능한 것이다. 내가 졸업한 대학원의 경우 전문대학원 학생 절반과 일반 대학원 학생이 함께 소속된 학과였기에 학비가 훨씬 비싼 전문대학원의 수업도 필수과목으로 몇 개쯤 교차 수강을 할 수 있었다. 전문대학원은 확실히 케이스 위주의 수업이 많고 각 케이스에서 문제해결 관련 지식에 대해 배우거나 문제해결 솔루션에 닿는 과정을 훈련했다.

비슷한 맥락으로 요즘 데이터 사이언스를 중점적으로 가르치는 대학원이 많이 생겼다. 아직은 필드에서 2년 과정의 데이터 사이언스 전문대학원을 나온 실무자 수가 많지는 않다. 이제 조금씩 늘어나는 추세다. 그러다 보니 그들의 업무 역량과 커리어 트렌드를 말할 만큼의 충분한 데이터는 아직 없다. 다만 같이 일하면서 느낀 것은 군계일학의 퍼포먼스는 다년간의 정량적 연구 소양 위에 데이터 사이언스 전문대학원에서 수련한 사람들에게서 나오는 것 같다.

2

지도교수를 어떻게
선택할 것인가

　대학원생에게 지도교수의 역할은 학문적인 부분뿐 아니라 개인적인 삶의 질에도 큰 영향을 미친다. 이런 중차대한 결정의 과정을 내릴 때 알고 있으면 좋은 것들이 있다. 대학원 입학 준비의 시간적 흐름으로 보았을 때 연구 주제의 선정 다음으로 지도교수를 고른다는 것 자체가 어떤 대학원과 어떤 나라를 갈지에 선행돼 결정될 수도 있다. 물론 유학지로 가고 싶은 국가와 학교를 먼저 고르고 수학하고 싶은 지도교수의 리스트를 만드는 경우도 많이 있다. 그래서 대학원 입학을 선택하는 중에 있다면 지도교수를 찾는 과정을 두 가지 패턴으로 나눌 수 있다.

지도교수를 찾는 과정에는 두 가지 패턴이 있다

첫 번째는 대다수가 해당하는 경우로 학부나 석사과정에서 지도교수가 추천해주는 교수이다. 이런 경우는 주로 학부 때의 연구 내용이 석·박사과정으로 연결되는 경우일 확률이 높다. 두 번째는 추천받은 지도교수 리스트 없이 내가 직접 선택하는 경우일 것이다(물론 그 교수가 나에게 딱히 선택받을 필요가 없는 대가일 수도 있지만 어디까지나 나의 상상이니까 이상형 월드컵처럼 생각하면 된다). 이런 경우는 보통 나의 연구 주제가 학부 때와는 달리 방향이 바뀌거나 졸업 후 바로 대학원으로 진학한 게 아니라 회사 등을 다니며 시간이 좀 지났을 때 해당한다.

학문적 커리어의 앞날을 맡길 만한지 점검하자

첫 번째 패턴은 본인과 연구를 함께했거나 오랫동안 지도해온 교수님이 나의 연구와 성향에 맞을 교수님을 추천하는 경우일 것이다. 누군가 나를 어떤 지도교수에게 대학원생으로 추천한다는 것은 그들 또한 그들의 명성과 인맥을 걸고 추천하는 것이기에 신중하게 평가해서 추천한다고 생각하면 된다. 나 또한 아무리 잘 아는 후배라 하더라도 연구의 맥락이 맞지 않는 대학원 후보생을 학교에 있는 교수 친구들에게 소개하지는 않는다.

두 번째 패턴에 해당하는 경우라면 체크할 것들이 많아진다. 우선 생판 모르는 사람에게 나의 학문적 커리어의 앞날을 맡길 수는 없다는 마음으로 최대한 그 교수의 표면적인 모든 정보를 파악하고 가겠다는 심정으로 알아봐야 한다. 이번 장에서 기술한 내용은 이미 진학하고 싶은 대학원이나 다루고 싶은 연구 주제가 어느 정도 윤곽이 잡힌 다음 내가 생각하고 있는 몇 명의 지도교수 후보군에서 결정을 내릴 때 유용한 정보들이 될 것이다.

이런 경우라면 지도받고 싶은 교수 연구실의 통계를 꼭 확인해보자. 수학하고자 하는 지도교수의 연구실 홈페이지나 학과 홈페이지에서 유용한 통계치를 확인하자. 주로 체크할 사항은 다음과 같다.

- 연구 펀드의 연속성: 연구 과제를 딴 연도가 끊기지 않고 연결되는지를 확인해야 한다. 학과마다 주된 펀딩 출처가 다르겠지만, 정부 펀딩인 경우 해당 지도교수의 이름으로 검색하면 지난 기간의 연구 과제 결과가 나온다. 이것으로 연구 그룹 펀딩의 조달력을 살펴볼 수 있다. 내가 이 연구 펀딩들로 학교를 충분히 다닐 수 있을지, 아니면 대학원 내내 받을지 말지 기약 없는 프로젝트의 연구계획서 초안작업자가 될지 유추할 수 있다.
- 외국인 학생 통계: 완전 신생 연구실을 제외하면 대부분은 기존 졸업생이나 현재 연구실에 속한 학생들의 이력과 연구 과제 등을 볼 수 있다. 만약 외국인(한국인 포함)을 한 번도 지도해본 적이 없는 지도교수라면 내가 가서 황무지를 개간하는 느낌으로 살아

야 할 수도 있다. 외국인 학생을 지도해본 지도교수는 문화적 차이나 정서적 이해의 측면에서 어느 정도 데이터가 있는 상황이라 스스로 너무 애쓰지 않아도 된다. 반면 그게 아닌 경우 이미 머리가 다 굳은 교수님 같은 다 큰 어른에게 이런 종류의 인류도 있다는 걸 인식시키는 연구 외적인 부분의 에너지도 써야 한다. 황무지 개간은 비록 학교에 있을 때뿐 아니라 졸업 후에도 연결된다. 학계나 잡마켓에 나왔을 때 기존에 나와 같은 연구실에서 수학한 선배나 동료가 없다면 황무지 개간작업은 끊임없이 연장될 수도 있다.

- 졸업생 진로: 연구실 홈페이지에서 통계치로 졸업생들의 진로를 확인해볼 수 있다. 우선 입학생 대비 졸업생의 비율이 중요하다. 보통의 경우 연구실을 유지하기 위해 일정 인원 이상의 대학원생이 재학 중이다. 졸업까지의 기한이나 학위 취득자 숫자를 보면 지도교수님이 될 분의 지도 스타일을 엿볼 수 있다. 이것을 학과의 통계와 비교해가며 보아야 한다. 학과의 졸업 평균 연수와 연구실의 졸업 평균 연수와 비교해보는 조금의 노력을 기울이면 어렵지 않게 나의 미래를 예측해볼 수 있을 것이다. 또한 (박사과정) 졸업생들의 학위 취득 후 진출 영역을 보았을 때 학계에 남는 경우와 학계 밖으로 진출하는 비율을 볼 때 지도교수와 연구실의 성향을 파악할 수 있다.

- 이외의 공적 기록들: 해당 지도교수의 학문적 발자취와 더불어 학회 커뮤니티의 장이 된다거나, 학회의 좌장이나 연구 관련 정

책 결정의 위원회에 속해 있다거나 하는 것 또한 나의 대학원 재학 중 겪을 기회에 어느 정도 비례할 수 있다. 반대로 송사나 스캔들에 연루된 기록도 나올 수 있다. 나의 경우 스캔들로 인해 대학 내에서 펀딩이 많은 큰 대학원에서 작은 대학원으로 좌천된 교수와 연구를 하거나 인종차별 발언으로 고소당한 교수와 연구를 한 적이 있었는데 확실히 쉽지 않았다. 연구도 고단한데 더불어 잘못 건드리면 안 되는 스위치를 온몸에 달고 있는 상처받은 사람과 일하는 게 쉬울 리가 없잖은가. 대학원도 사람이 만든 집단인지라 이런 게 전혀 없을 수 없다. 하지만 미리 알고 피할 수 있다면 피하거나 준비는 하고 있어야 한다.

3

대학원 학비는 어떻게
마련할 것인가

　대학원 입학을 주저하는 이유 중 하나는 학비 충당을 어떻게 할 것인가일 것이다. 나 역시 석사과정과 박사과정 동안 내 돈으로 학비를 내야 했던 적이 두 학기 정도 있었다. 그 외에는 운 좋게 학비를 '충당'해왔다. 의외로 많은 사람이 학비를 구할 수 없어서 학교를 그만두겠다고 한다거나 입학허가서를 받고서도 반려하는 걸 보았다. 물론 부양할 가족이 있고 타지에 가족을 데리고 와야 하는 경우는 싱글인 대학원생과는 이야기가 다를 것이다. 하지만 금광은 원래 맥을 잡으면 주변에서 금이 계속 채굴되는 것이기 때문에 비슷한 맥락에서 지금 나누고자 하는 정보를 기반으로 학비 충당의 맥을 찾아가길 바란다.

　우선 대학원에 진학하는 데 꼭 필요한 학비의 요소들로는 수업료, 기숙사비, 식비, 책값, 의료비, 재난 대비 비용, 학회 참석 비용 등이 있다. 국공립대의 학비는 저렴할 수 있다. 나는 학비가 매우 저렴한

도쿄대학교 대학원 학비조차 내기 버거울 정도의 예산만 가용한 상태로 일단 대학원에 등록했다. 입학 전에 우리가 일반적으로 아는 굵직한 장학금(삼성, 관정 이종환, 풀브라이트)부터 작은 장학금까지 모두 알아보았다. 하지만 단 한 건의 장학금도 받지 못했다.

　그래서 일단 밖에서는 못 찾겠으니 대학원에 들어가서 찾아보자 싶어서 무작정 대학원에 등록하고 가장 저렴한 기숙사부터 찾았다. 학교 근처 기숙사는 대부분 편리한 대신 비싸고 경쟁률이 심했다. 그래서 학교에서 좀 떨어진 기숙사로 신청을 하기로 한 게 생활비 절약에 큰 도움이 되었다. 한 달 기숙사비가 5만 원이었던 걸로 기억한다. 다만, 이런 경우 학회발표나 실험 때문에 밤늦게 일이 끝나면 전철이 모두 끊긴 이후라서 꼼짝없이 연구실 의자를 붙여서 잠들어야했다. 그래도 학교에서 멀기 때문에 기숙사-학교-실험실로 반복되는 생활 패턴에 조금의 다양성을 강제할 수 있다는 건 좋은 점이다.

대학원에 들어가면 여러 장학금 신청을 할 수 있다

　일단 대학원에 발을 들이고 나면 기회는 더 많다. 학교에 장학금을 지원하는 독지가나 재단들이 많다. 이들은 유명한 장학금이 아니기 때문에 수혜 신청자를 찾는 데 고생을 한다. 학교는 당신을 뽑을지 말지 결정하기 위해 많은 부대비용을 냈고 당신이 갑자기 재학 중 자퇴하면 생기는 경제적 손실을 좋아하지 않는다. 그렇기에 더욱이 여기저기에서 오는 장학지원금으로 학비가 필요한 당신을 지원하고 싶어 한다.

이런 건 보통 본인의 지도교수가 알 수 있는 내용은 아니고 학과 사무실 혹은 해당 단과대학의 사무실에 가서 사정을 설명하면 장학 신청 사이트가 적힌 길고 긴 리스트를 줄 거다. 혹은 우리 학과에 이런 장학금이 있으니 추천해주겠다고 할 수도 있다. 의외의 소스로는 (해외 대학원 진학자의 경우) 학내 외국인 학생 지원 센터에 가면 다른 종류의 장학금 리스트가 있다. 이런 것들은 전공 학과나 출신 단과대학 등의 제약이 있다. 하지만 일단 대학원에 들어와 있다면 어렵지 않게 만족시킬 수 있는 요건들이다.

나는 석사 때 입학한 후 몇 주가 지나고서야 장학금이 정해졌다. 학부 때 일본 대학에 교환학생으로 갔다가 대학원 입학시험에 합격했다. 그래서 한국으로 돌아와 남은 학부 기간을 마치고 다시 일본으로 건너갔다. 한국에서 지낸 1학기 동안 각고의 노력으로 장학금을 신청했지만 모두 떨어졌다. 그래서 입학은 했으나 장학금은 없었고 학생증을 받으러 학과 사무실에 가서 사정을 설명하니 전화번호부 3개가 묶인 듯한 아주 두꺼운 서류철을 주었다. 그게 모두 다 장학금 신청목록이었다. 하나하나 신청해야 하나 걱정했다. 다행히도 그중에서 지원자격이 충족되는 장학금들을 추려내어 제출하면 학과 사무실에서 자동으로 대리 신청해주었다.

내가 신청한 장학금은 입학자 중 연구생 과정을 거치지 않은 아시아 특정 국가 출신 중 일본의 5개 국립대학원에 입학한 학생에게만 주어지는 장학금이었다. 수혜 해당자의 분모 파이가 작을수록 내가 장학금을 받을 확률이 높아진다는 걸 여실히 보여주는 경우일 것이다. 이렇게 특정 집단에 주어지는 장학금이 생각보다 꽤 많다. 놓치지 말고 꼭 지원해보길 바란다.

근로장학금에서 근로라는 말은 나의 노동이 제공돼야 한다는 뜻이고 장학금이라는 말은 학업에 관련된 곳에만 쓸 수 있다는 뜻이다. 학교마다 '학업에 관련된'을 정의하는 기준은 다르겠지만 기본적으로 학교에 지급될 돈이라고 생각하면 맞다(예를 들면 학비, 기숙사비, 식권 등). 이런 종류의 장학금에는 대표적으로 대학원에서 진행되는 연구를 보조·수행하고 받는 연구원 조교비 혹은 수업을 보조하고 받는 조교비 등이 있다.

보통 고용 시간에 따라 지급되는 장학금이 다르다. 예를 들어 미국 대학원의 경우 일주일에 풀타임으로 일하는 걸 주 40시간으로 정하고 15% 정도(주당 6시간)까지 고용할 때는 학비의 50퍼센트를 지원하고 6시간에 대한 시급을 주는데 호봉제이다. 예를 들어 연구조교 1년 차는 15달러, 2년 차는 15달러+a퍼센트 식이며 일반적으로 대학원을 졸업하는 시기인 7년 차까지 호봉이 정해져 있다. 이런 건 학교에서 공개하는 자료로 본인이 연구조교나 교육조교를 계약하기 전에 확인할 수 있다.

그리고 보통 50퍼센트(20시간)가 넘어가면 학비 전액을 지원하고 남은 시간에 대해 시간 수당을 준다. 학과나 연구책임자PI, principal investigator 혹은 지도교수가 연구 펀드가 많은 경우라면 금상첨화이겠지만 그게 아닌 경우나 학과 자체가 긴축정책을 펴는 경우에는 꽤 흔하게 49.9퍼센트에 고용이 되기도 한다. 나는 연구조교로 보통 13퍼센트 혹은 많으면 16퍼센트 정도로 고용됐다. 결국 학비의 절반만 받을 수 있었다. 다들 알겠지만 지도교수의 연구에 조교로 들어가면 주당 6시간 근무라는 것은 말도 안 된다. 그러니 요령껏 시간관리를 잘 하지 않으면 나머지 학비를 벌 기회는 자연히 증발해버릴 수밖에 없다.

근로장학금의 경우 연구조교나 교육조교 외에 학교 기숙사 사감, 학부생의 숙제나 시험을 채점하는 그레이더grader, 외국어대학원에서 프리토킹 수업의 회화 실습 상대, 학교 식당에서의 작은 아르바이트 등이 모두 포함돼 있다. 이런 학내 작은 아르바이트들은 정말 상상을 초월할 정도로 많다. 보통은 학과 사무실을 통하거나 외국인 학생회 등에 연락해보면 알 수 있다. 학기 초에 여기저기 오리엔테이션에 참여하거나 학과에서 보내는 이메일을 유심히 보고 메일링 리스트들을 잘 구독하면 이런 정보를 쉽게 알 수 있다. 다만, 학업과 병행하기에 벅찰 수도 있으니 시간 안배를 잘 해야 한다.

이런 근로장학금의 경우 명심해야 할 것은 해외 대학원에서 비자 상태로 학업을 진행하는 경우 주된 해외 주재의 목적이 '학업'이므로 학업에 방해되지 않을 정도라는 가정하에 허락해주는 노동인 관계로 방학이 아닌 다음에야 수업이 있는 학기에는 (학교별, 국가별로 다르겠지만, 미국의 경우) 주당 근무시간이 50%를 넘지 못한다. 그리고 어찌어찌 작은 아르바이트들을 합쳐서 50퍼센트를 맞추었다고 해서 학교에서 나머지 학비의 절반을 내주는 것은 아니다. 한 출처에서 나오는 근로장학금이 50퍼센트를 넘겨야만 학비 전액을 면제받을 수 있다. 단, 학교별로 다를 수 있으니 학년 초에 나눠주는 대학원생 핸드북을 정독하길 바란다.

나의 경우 미국에서 박사과정을 할 때 연구조교와 교육조교 외에 기숙사 사감과 그레이더를 했다. 가까스로 50퍼센트를 맞춘 학기에 는 그나마 생활비 조달이 가능했으나 그게 아닌 학기에는 다음과 같 은 출처에서 동원해야 했다.

장학금 외에 생활비 등으로 쓸 수 있는 장려금도 있다

굳이 장학금이라고 쓰지 않은 이유는 이런 소스에서 받는 펀딩은 학업 외에 학업을 유지하기 위한 생활비 등 필요한 용도로 사용할 수 있기 때문이다. 예로 식료품비, 병원비, 교재비, 공과금, 교통비 등이 다. 뭘 그리 까다롭게 나누냐 싶겠지만 일단 내 주머니에 들어온 돈이 니 얼렁뚱땅 쓰고 싶겠지만 그렇게 쓰는 건 안 된다. 도박이나 휴양성 해외여행 등에 쓸 수는 없다.

이런 장려금은 보통 입학한 학교의 대학원학생회Graduate student association에서 관리한다. 대학원학생회는 학내 모든 대학원의 단과 대를 통합한 대학원 기구다. 학회에 참석하는 데 필요한 여행 경비를 제공하는 장려금, 외국인 학생에게 주는 위로성 장려금(단, 여름방학 동안에 영어 수업을 필수로 한 과목 이상 이수해야 한다거나 하는 조건이 붙는다), 혹은 특정 종교에 속해 있거나 특정 연구 토픽을 다루고 있다는 걸 증명할 수 있다거나 교내 특정 기숙사에 살고 있다거나 하는 등 말도 안 되게 많은 이유로 장려금을 받을 수 있다.

나는 대학원 입학 2년 차부터 받을 수 있는 여성 대학원생에게 주어지는 장려금을 2년간 받았다. 수령 후 조건이 아주 재미있었다. 반드시 졸업 이후 잠시 미국을 떠나서 연구한 내용과 관련한 일을 할 것, 2년 중 한 번 장학금 수여자를 만나 장학금의 취지를 상기하고 장학금을 받아 누리게 된 혜택에 대해 짧게 브리핑할 것 등이 있었다. 이 장학금은 특정 지역의 여성 지도자들이 한 푼 두 푼 모아 조성된 장학금이었다. 나중에 만나보니 로터리 클럽과 예전 걸스카우트 출신 분들이었다. 그분들은 장려금 외에 미국의 명절 시즌 때마다 쿠키며 집에서 만든 잼이며 손수 쓴 응원 카드와 나의 기숙사 주변 식료품 가게의 기프트 카드 등을 보내주었다. 덕분에 미국에 가족은 없지만 따뜻한 마음으로 학업을 이어나갈 수 있었던 계기도 됐다.

입학 후에 신청할 수 있는 연구지원비도 있다

대학원 연구가 서서히 순항하면 이제는 펀딩을 노려볼 수 있다. 내가 특정 연구의 연구책임자가 될 수 있는 나만의 작은 연구 펀드가 생기는 것이다. 남이 따온 돈으로 내가 하고 싶은 걸 할 수가 없는 세상이다. 내가 지도교수의 연구 펀드에 속해서 연구조교로 일하고 있는 건 어디까지나 나의 연구책임자인 지도교수가 계획하고 나에게 할당한 시간만큼 연구 성과를 내야 하는 것이다. 그와 달리 내가 연구를 진행하다 보니 조금 다른 방향으로 연구를 확장하고 싶거나 진행해보고 싶을 때 딱 내가 해보고 싶은 만큼의 연구를 진행할 수 있는 작은 사이즈의 연구 펀드를 해당 학과나 연구재단에 신청해볼 수 있다.

이런 경우 대다수가 대학원 저학년 지원자인 것과 연구지원금이 소액인 것을 고려해 연구계획서proposal 형식이 좀 더 간단하다. 오롯이 나의 연구 주제를 처음부터 끝까지 계획하고 수행할 수 있다는 장점이 있다. 물론 노력 대비 받는 금액은 작을 수 있다. 그러나 금전적인 영향 말고도 연구계획서를 자주적으로 쓰는 경험과 내 연구의 연구책임자로 선정돼서 연구비를 받는 경험은 자신감을 주는 등 선순환을 일으킨다.

나는 산업재해 데이터를 다룬 적이 있었는데 관련 규제의 영향과 선진국의 산업재해 관련 규제 등을 알고 싶었다. 그래서 우리 학과와 관계는 없어도 유럽학연구소 등에서 주최하는 연구 펀드에 신청했고 수락돼 소정의 연구비를 받고 연구를 진행했다. 그 내용의 일부는 나의 박사학위 논문 마지막 장에 들어가기도 했다.

연구비 지원과 비슷한 항목으로 학회비 면제의 기회도 있다. 해외 대도시에 소재한 대학원에서 공부하면 좋은 것은 큰 학회들이 1년 내내 버스 타고 갈 수 있는 가까운 위치에서 많이 열린다는 것이다. 다만 이런 학회에 참석하려면 참석비가 드는데 보통 연구 책임자가 학회 참석비를 지원해주거나 그게 아니면 자비로 참석해야 한다. 우리 연구실에서는 학회 참석비는 발표하는 경우라도 자가 충당이었다. 학회등록비는 학회 시작 전에 등록자에게 배부하는 안내서와 가방을 정리하고 안내를 하는 등 자원봉사를 하는 것으로 등록비를 면제받을 수 있는 규칙이 있었다. 포스터 발표의 경우 포스터 인쇄비용이 드는데 학회장에 가서 프린트를 요청하거나 1년에 1~2회 정도 학회 포스터 인쇄비 지원금이 할당돼 있으므로 대학원 학생회에 문의하여 그런 혜택을 활용했다.

마지막으로 이런 장학금을 하나씩 다 받다 보면 졸업할 때가 될 수 있다. 나는 대학원생 기간 내내 대학원생인 동시에 장학금 헌터인 투잡러로 살았다. 졸업 즈음에는 내가 받은 장학금들이 너무 많아서 학교에서 회수해 가기도 했다. 알고 보니 형평성을 위해 1년에 한 명의 대학원생이 받을 수 있는 장학금과 장려금의 한도가 정해져 있고 그 금액을 넘으면 회수한다는 룰이 있었다. 그러니까 딱 필요한 정도만 장학금 서치에 쓰고 나머지는 연구에 집중하자.

어렵게 당신을 선택한 학교는 당신을 위해 이렇게나 많은 장학금 출처를 확보하고 있으니 포기하지 말고 진학해서 그 길을 명민하게 찾으면 하나둘 길이 보일 것이다.

4

대학원에서 어떻게 스스로를
증명할 것인가

나의 대학원 시절은 수업 따라가기와 장학금 충당하기 등 산적한 삶의 과제들로 이미 충분히 가득 차 있었다. 그럼에도 하루에도 몇 번씩 스멀스멀 올라와서 나를 옥죄는 듯한 생각이 '내가 이 대학원이라는 곳에 있는 게 적합한 것인가?'였다.

대학원 입시를 함께 준비하던 다른 동기들보다 더 뚜렷하고 명확한 목표 의식이 있었다고 생각했고 대학원에 입학하겠다는 결정에 주저함이 전혀 없었음에도 그런 생각이 끝없이 들었다. 아마 긴가민가한 마음으로 대학원에 들어온 경우라면 더 심할 수도 있다. 여러 가지 이유로 대학원이 나를 밀어내는 듯하다고 느낀다면 다음의 것들을 확인해보자.

대학원 생활을 하는 데 쉬운 지름길은 없다

주로 박사후보자격시험preliminary exam이나 박사통과시험qualifying exam을 보기 전 단계에 대학원 수업을 듣는 단계를 대학원 저학년이라고 칭하자. 대략 1~2년 차로 생각하면 될 것이다. 국가와 전공을 막론하고 내가 학부 때부터 아는 교수님이 소개해주어 대학원 연구그룹에 들어온 게 아니라면 아마도 대부분은 새로운 곳에서 나와 같은 처지의 많은 학생들 속에서 나를 증명해 보이는 시간을 가져야 한다. 그냥 학업만 하기도 버거운데 연구 주제도 앞으로 10년간 먹고살 수 있을 것인가 고민도 해야 하고 해외에 있다면 그 나라의 언어, 문화, 음식에도 익숙해져야 한다. 하다못해 기후에도 익숙해져야 한다.

대학원은 온통 낯선 것들투성이다. 그런데 동기들은 전혀 그렇게 보이지 않는다. 그러다 보면 혹시 학교에서 나를 실수로 뽑은 건 아닐까 하는 생각이 든다. 어느 날 갑자기 '미안한데 우리가 널 실수로 뽑은 거니까 어서 너희 나라로 돌아가렴.' 하는 환청이 들릴지도 모른다. 마음은 답답하고 털어놓을 곳도 없다. 이제는 친구들도 다들 밥벌이 하느라 바쁠 테고 오매불망 내 걱정을 하고 있을 유학 보내준 가족에게 하소연할 수도 없다. 지도교수는 내년 펀드 준비하랴 방송 출연해서 인지도 높이랴 바쁘다. 그러다 보면 점점 나는 과연 이 커다란 학계academic community에서 작은 점이라도 찍을 수 있을까 하는 그런 생각이 들기도 한다. 그렇게 한 달이 가고 두 달이 지나며 잠은 계속

설치게 되고 어깨는 움츠러들고 목소리는 작아질지도 모른다. 그냥 아무도 모르게 사라지는 게 아닌가, 사라졌는데 아무도 눈치채지 못하는 게 아닐까 하는 생각이 꼬리에 꼬리를 물고 이어질 수 있다.

그럴 땐 어떻게 하느냐고? 미안하지만 나도 극복법은 모른다. 나도 그 극복법을 몰라서 그냥 정공법으로 버텼다. 그런데 극복법은 아니지만 그런 상황에 대해 그렇게 느끼는 게 지극히 정상이고 당신 혼자만 그런 게 아니라는 건 확실히 말해줄 수 있다. 그때는 다들 깨질 것 같은 유리 멘탈이라 서로 이야기하지 않지만 지나고 나서 이야기해보면 다들 놀랍도록 비슷한 고민을 하면서 지나왔다는 걸 알게 된다.

미국 박사과정 대학원생의 삶은 제이지Jay-Z가 「뉴욕뉴욕」에서 노래한 것 같다. 몇 년만 잘 버티다 대박 나면 실리콘밸리든 스타트업이든 들어가서 생각지도 못했던 것들을 시도해볼 수 있는 삶을 살게 되기 전에 칠흑같이 어두운 시간을 무던히 지나야만 하는 것 같다. 하지만 아주 간혹가다 편안하고 느긋하게 성과를 착착 내며 풍족한 장학금과 함께 시작하는 대학원생들이 있다. 그런 사람들은 전생에 나라를 구한 사람들이라 그런 능력치의 복을 받고 있는 것일 수 있으니 너무 본인과 비교하면 정신건강에 해로울 수 있다.

◦◦◦◦◦◦

파도처럼 밀려드는 문제들을 잘 넘어야 한다

이러저러한 현실자각 타임을 보내며 어느 정도 대학원 수업course

work이 끝날 때쯤이 되면 한숨 돌리고 안도하며 보낼 수 있다. 그리고 그렇게 찰나와 같은 안도의 순간이 지나고 나면 더 큰 대형 쓰나미 같은 문제가 저 앞에서 일렁이는 게 보일 것이다. 준비를 잘 해서 파도 넘기를 해야 한다. 안 그러면 그대로 수장될 수 있다. 아마도 가장 일반적인 경우는 정당한 이유 없이 펀딩 핑계로 학과에서 내몰리게 되는 것이다. 이런 대형 사이즈의 문제는 내가 정신적으로 이겨낼 수 있는 상황이 아니다. 때에 따라 나를 향해 아예 판이 짜여 몰려오는 것들이 있다. 특히 고분고분하고 성실한 아시아인 박사들에게 이런 일이 더 많이 생기는 것 같다. 우리에게 열심=보상이다. 그런데 이런 기전이 미국에서 꼭 수식으로 성립돼 있지 않다는 걸 알게 됐다. 여기는 보상의 요구=보상이지, 열심=그래서?**so what?**인 경우가 꽤 많다. 나는 이게 나 혼자 그런 경우라고 생각했는데 알고 보니 나 이외에 많은 유학생이 겪는 일이고 꽤나 심심치 않게 반복되고 있었다.

　나는 장학금 없이 입학해서 첫 학기를 마치고 연구장려금과 연구조교 자리를 구했다. 이런 경우 내가 을(은 연구실 스태프이고 병은 포닥이고 나는 정)이고 연구책임자인 교수가 초강력 갑이다. 그래서 하라는 건 해야 하고 데이터 포인트 취득 같은 어느 정도 반복적인 작업이 필요하다. 고로 대학원 학업은 어느 정도 선에서 최대한 효율적으로 이루어내고 이런 연구조교 활동은 각종 스마트한 방법과 무식한 방법을 동원해 데이터를 막 잘 생성해내야 한다. 반복적인 작업을 자동화하는 능력도 박사과정 생존력의 한 척도이다. 나는 어찌어찌해서 데이터를 3학기 동안 열심히 취득해나가다 보니 나를 쪼개서 고용한 2.5명 중

한 명의 연구책임자 A가 어느 날 교육조교를 하지 않겠냐고 제안해왔다. 나는 교육조교는 학비의 몇 퍼센트 감면이 가능하냐고 물었다. 그랬더니 그건 자원봉사로 하는 거란다. 나는 그때 이미 다른 연구책임자 B와 다른 학과에서 2학기 동안 교육조교를 한 상태였는데 연구책임자 A는 그걸 알 리가 없었던 것이다. 그 프로젝트 연구책임자 A의 제안은 이번 학기의 교육조교 업무는 좋은 경험이고 졸업요건이기도 하기 때문에 무보수 자원봉사로 하라고 했다. 참고로 내가 졸업한 학교는 교육조교를 한 학기 이상을 하는 것이 졸업 요건이다. 그래서 거절할 수 없으리라 생각하고 열정페이 교육조교를 제안했던 것이다. 싫으면 다른 프로젝트를 알아보라고도 했다. 무턱대고 안 한다고 말하기가 쉽지 않았다. 연구책임자 A는 나의 논문 심사위원에 들어가 있으며 나의 졸업 여부를 결정할 수 있는 결정자 중 한 명이었기 때문이다.

그게 끝이 아니다. 이렇게 교육조교도 하고 연구조교도 해서 데이터 취득이 거의 끝날 때쯤 갑자기 다음 학기에는 펀드가 없다는 통보를 받았다. 둘 중 하나다. 이번 학기 남은 기간에 박사후보자격시험과 박사통과시험을 다 봐서 너의 학비를 반으로 줄이든가(주립대의 경우), 아니면 다른 교수를 찾아가든가이다. 다른 교수를 찾아가면 대부분 제로부터 다시 시작해야 한다. 실제로 이런 이유로 내 주변의 학생들은 대학원 2년 차에 새로운 연구책임자를 찾아가는 경우가 다반사였다. 이게 말이 되는 일인가 싶지만 꽤 일반적으로 일어난다.

하지만 한국인이 달리 한국인이겠는가. 근성을 발휘할 때가 온 것이다. 나는 한 학기에 박사후보자격시험, 연구조교, 열정페이 교육조교, 그리고 박사통과시험까지 다 해냈다. 초인적인 힘이란 이런 것인 가 하는 생각이 들었다. 한 학기에 이걸 다 한다는 게 얼마나 비현실 적인 일인가는 아는 사람은 알 것이다. 불가능한 건 아니지만 장려하고 싶지는 않다.

그런 숱한 고생을 하고 나면 졸업이라는 걸 할 수 있게 된다. 그 졸업, 그 박사학위 말이다. 오매불망 바라던 그걸 받게 되는 거란 말이다. 그 뒤에 뭐가 됐든 어떤 어드벤처가 나를 기다리고 있든지 간에 끝이 나는 거다. 다만 이런 식의 졸업은 학계로 갈 계획이 없는 사람들에게 해당하는 내용이다. 나는 꿈 많고 오기 많던 시절에 반드시 학계로 갈 것으로 생각했다. 설령 기회가 닿지 않아 잠시 밖에 있더라고 언젠가 기필코 갈 것으로 생각했다. 하지만 학문적 성취도에 모든 걸 다 걸어도 될까 말까 한 천명과도 같은 교수라는 직업은 나와 같은 굴곡진 박사에겐 연이 닿지 않는 것 같다.

아카데미아에 남고자 한다면 박사 1학기부터가 취업의 시발점이다. 만나는 교수, 쓰는 논문, 방문한 연구소들, 자원해서 교수를 도와 쓴 연구계획서 등을 다년간 쌓아올려야 졸업할 때 가망이 있는 포닥 생활을 시작할 수 있다. 그런 거 없다면 높은 확률로 만년 포닥의 동굴로 광속 질주해가는 거랑 비슷한 상황에 떨어질 수도 있다. 만년 포닥이 나쁜 건 아니다. 내 주변에 여러 명의 대학원생을 먹여 살릴 만큼 큰 프로젝트를 잘 따오는 고령의 포닥이 많다. 그들은 좋은 처우와 존경을 받으며 안락한 삶을 누린다. 반면에 그렇지 못한 어떤 포닥들은 그 반대의 스펙트럼에 옹기종기 모여 서로의 체온으로 한기가 느꺼지는 눈초리를 버티며 하루하루를 보내기도 한다. 하지만 그러다 만든 스타트업이 대박 나는 경우도 있으니 뭐가 좋다 나쁘다 말하기는 어렵다. 의욕 없고 목적 없는 만년 포닥의 삶을 살게 될 수밖에 없는 상황을 피해보라는 말이다.

이렇게 판이 짜인 고난이 당신에게 곧 닥칠 수도 있고 어쩌면 이미 겪고 있을 수도 있다. 쉽지 않은 길이지만 어차피 시작한 대학원생들에게 혹시 대학원이 당신을 계획적으로 밀어내는 것 같아도 부디 잘 버티라고 말해주고 싶다. 딱 위와 같은 경우가 아니더라도 혹시 대학원에서 당신의 권리나 안위가 침해당하고 있다면 진상을 밝히기를 요구하고 권리를 찾으면 더는 당신의 권리를 침해하지 않을 것이다. 이런 건 해당 케이스를 보고하면 대학원생 커뮤니티나 학교 윤리 커뮤니티에서 적절히 개입을 한다.

그러니까 혹시 느낌이 싸하다 싶으면 잠시 숨을 가다듬고 '잠시 설명해주겠니?'라는 말부터 시작해보자. 그래야 밀려나지 않고 자기 자리에서 연구하며 대학원생의 삶을 제대로 살 수 있게 된다. 언제나 정량적 분석에 익숙한 사람이라면 아마도 분석이 가능하지 않은 영역이라고 치부하여 본인의 육감이 보내는 신호들을 가볍게 무시해버릴 수도 있다. 또 무언가 느낌이 이상하다 한들 생존에 가까운 대학원 생활을 하는데 싸한 느낌 같은 것에 신경을 쓸 겨를이 없을 수도 있다. 그렇지만 본인이 이상하다고 느끼는 작은 것들에 반응하고 확인해보는 건 이런 상황을 해결할 수도, 미리 예방할 수도 있는 좋은 방법이다.

5

대학원 생활을
행복하게 보낼 수 있을까

대학원 생활이란 암흑 같기도 하고 끝없는 터널 같기도 하다. 하지만 그 길을 가겠다고 결심한 이상 즐겁게 만드는 것은 당신의 몫이다. 연구와 학업에 관해서는 조언을 얻을 소스도 많고 이미 다들 잘 알고 있을 것이다. 그 이외에 대학원에 다니면서 나와 동기들이 모두 공동으로 빠르게 연마해야 했던 생존기술 세 가지는 다음과 같다.

학업 강도가 높기 때문에 체력을 다져야 한다

건강한 몸에 건강한 정신이 깃든다는 말이나 각종 심리학 연구에서 운동이 정신건강에 미치는 영향은 더 말할 것도 없이 많이 밝혀졌다. 교내 운동 클럽에 가입해서 운동하는 것도 좋고 유학지에만 있는 특이한 운동 종목에 도전해보는 것도 좋다. 시간이 된다면 체육수업을 듣는 것도 좋다. 학교 역시 대학원생들이 얼마나 정신적으로 높은 강도의 부담을 느끼며 공부하는지 잘 알기 때문에 되도록이면 다양한 종류의 운동을 언제든 할 수 있도록 해주고 있다. 24시간 운영되는 학교 체육관이나 운동장은 입학하자마자 일찌감치 등록해놓도록 하자. 불현듯 뛰고 싶어지는 순간이 오면 도서관 보관함에 책가방이며 다 때려 넣고 홀쩍 가서 뛰고 돌아오면 정신이 맑아질 것이다.

대학원이 요구하는 학업의 강도는 꽤 높다. 목숨이 왔다 갔다 할 정도일 때도 있을 만큼 지독하다. 나처럼 학부 전공과 조금 다른 전공으로 대학원에 간다면 더욱 크게 느껴질 것이다. 특히 모국어가 아닌 언어로 자국민도 들어오기 어려운 치열한 명문대학교에서 수업을 들으며 자신의 우수함을 입증해야 한다는 게 쉬울 리 없다. 체력을 다져가며 며칠씩 꼴딱 밤새워도 말짱한 얼굴로 앉아서 수업을 듣는 초인적인 한 주를 보내야 할 수도 있다.

그러다가 심심치 않게 수업 중에 갑자기 졸도해버리는 동기를 목격할 수도 있고 발표 중에 기절하고는 구급차에 실려 갔다가 응급처치만 받고 다시 돌아와 앉아 있는 동기를 보게 될 수도 있다. 우리 학과에도 젊은 나이에 뇌출혈로 급사한 동기가 있었고 옆 학과에서도 학업의 부담을 이기지 못하고 극단적인 선택을 해버린 친구도 있었다. 학과 전체가 정신건강 상담을 받고야 수업이 재개되기도 했다. 또 어느 날은 한 지도교수가 연구그룹의 학생이 연락이 안 된다면서 동기였던 학생을 시켜 집에 가보니 이미 주검이 된 경우도 있었다.

나 역시 지독한 스트레스와 수면부족으로 뇌막염에 걸려서 음압병동에서 몇 주를 보내다 4시간마다 약을 바꿔 달아야 하는 거대한 링거를 꽂은 채로 링거대를 드르륵드르륵 밀어 기말고사를 보러 갔다. 예외 없이 다른 학우들과 똑같은 교실에서 똑같이 시험을 함께 보았다. 혼자였다면 절대 못 했겠지만 가족들과 진심으로 걱정해주고 함께 이겨내 보자 하는 좋은 동기들이 있었기에 가능했던 일이다.

대학원 생존기술의 최고봉은 건강한 체력이다. 학부 졸업 후에 지도교수님이 추천서를 써주시며 무엇보다 건강이 제일 중요하다고 말씀하셨다. 그리고 박사 후에 내 인턴업무를 매니징했던 상사도 대학원 졸업 신규 인턴들에게 꼭 해주는 말이라고 하면서 박사과정 졸업 후에 잠시라도 온전히 쉬면서 건강을 꼭 한번 체크해봐야 한다고 여러 번 말씀하셨다. 본인은 박사과정 졸업 후에 그러지 못해서 나중에 정말 고생을 많이 했다고 했다. 그러니 꼭 건강을 챙기자.

'혼자'보다는 '공동체'를 만드는 것이 좋다

길다면 길고 짧다면 짧은 대학원 생활을 혼자 헤쳐갈 수는 없다. 나는 일본에서 대학원을 다닐 때 여전히 식민사관을 가진 교수와 동기들 틈에서 한국인으로 지내야 하다 보니 기가 죽고 힘들었다. 그래서 전 세계에서 온 유학생들이 만든 학생회에 들어가서 집행위원을 맡았다. 얼마간 타의로 주입된 그런 역사의식이 보상된 듯했다. 더불어 학부와 달리 대학원의 경우 특히 본인의 연구 주제와 관련한 사람들이랑만 만나게 되는데 자칫 시각이 좁아질 수 있다. 그렇기에 더욱이 외부 활동을 함으로써 시각이 넓어지는 경험을 추천한다.

미국에서 박사과정을 하는 동안에는 한국인 학생회나 운동모임에 속해서 다양한 전공의 대학원생들과 그들의 연구 이야기를 듣고 교류할 수 있었다. 십시일반으로 서로 밥도 지어 나눠 먹고 다른 연구 분야의 발전하는 양상들도 듣고 하다 보면 지금 나의 연구 주제는 어디쯤 있고 이 사회에서 어떤 영향력을 미칠 수 있을지 한 번이라도 더 생각해볼 수 있게 된다.

더 큰 이유는 이런 공동체에 속함으로 본인을 소수의 힘없는 존재로 남겨두지 않는다는 데 있다. 위계질서에 의한 강압적 상황은 내가 위계질서 우위자에게 휘둘려도 될 약한 존재로 보이지 않는 것만으로도 충분히 예방될 수 있다. 위계질서의 우위자나 관리자에게 본인이 감독하는 피감독자의 주변에 연결된 학문적 네트워크나 인적 네트워크의 크기를 가늠하게 해주는 것만으로도 당신의 대학원 생활은 '생존'에서 '영위'의 레벨로 바뀔 수 있을 것이다.

일반적 생존의 필수요건들을 익혀두어야 한다

고급의 생활 능력이 아니더라도 제때 밥 챙겨 먹고 냄새 안 날 정도로 옷을 세탁해서 입고 다닐 수 있을 정도의 생존 능력이 필요하다.

시장에서 장을 보면서 기본적인 필수 영양군의 식품을 분별해 살 수 있는 능력과 가져온 옷들을 제대로 세탁해서 깨끗이 말려 입는 데 필요한 정도의 기술은 고국에서 잘 습득하고 와야 한다.

외국을 여행하는 동안에는 그 지역의 음식들이 맛있었을지 모른다. 하지만 20년 넘게 매일 먹던 음식을 갑자기 못 먹는다고 생각하면 정신이 지치는 것보다 더 빠른 속도로 몸이 앙상해질 수 있다. 좋아하는 메뉴나 반찬이 있으면 만드는 방법 정도는 미리 알아두기를 추천한다. 그리고 타지에서 처음으로 냄비 같은 걸 사보는 것보다는 맛있게 밥해 먹을 수 있는 바닥이 두꺼운 좋은 냄비를 큰 거 작은 거 하나씩 장만해서 가져가기를 추천한다. 그렇게 하는 게 전압이 맞을지 안 맞을지 모르는 무거운 전기밥솥을 들고 가는 것보다 훨씬 이득이다.

더불어 기본적인 공구를 다루는 기술, 세금의 구조와 처리하는 법, 간단한 응급처치법 정도를 습득한 것과 아닌 것의 차이가 생각보다 클 수 있다. 주변에 물어볼 수 있는 사람들이 있고 물어볼 정신이 있을 때 잘 물어봐서 익히고 대학원에 들어오길 추천하는 바이다.

6

학문의 길이냐, 취업의 길이냐의
선택 기준은 무엇인가

학문의 길을 가는 게 맞는지 취업의 길을 가는 게 맞는지는 누구도
명확하게 대답하기 어렵다. 나 또한 박사과정 후에 연구 성향이 강한
공기업에 있다가 사기업으로 넘어왔다. 나의 커리어의 궤적을 잘 아는
후배들이 자주 하는 질문에 대한 답은 다음과 같다.

포기하는 것이 가장 어렵다

우선 학교에서 오랜 시간을 보낸 사람일수록 그 환경을 포기하고
새로운 곳으로 가기란 쉽지 않다. 어쩌면 포기란 하기 쉽고 하면 안
되는 종류의 행위인 것 같다. 하지만 포기라는 건 가장 큰 용기와 결
심에 기반해야 하고 뒤돌아보지 않을 부단한 노력이 필요한 행위이기

도 하다. 자의였는지 타의였는지 몰라도 나는 박사과정 중에 성공한 연구자가 될 확률에 관해 여러 번 생각해보았다. 그리고 그 결과가 원했던 만큼 높지 않아 방향 전환을 결정할 수 있었다.

졸업 전에 기회와 열정이 허락한다면 대학원 때 회사랑 프로젝트를 해보는 것도 좋다. 만약 그럴 기회가 없었다면 학교 같은 회사나 회사 같은 학교를 찾아서 중간지대를 경험해보면서 자신이 가고자 하는 길이 어딘지 찾아보는 것도 좋다. 나는 학교가 길이 아닐 수도 있겠다고 생각한 순간부터 나름 박사과정 대학원 시절 절반 이상의 시간을 들여 학교 밖의 커리어를 추구해보겠다고 결정하고 천천히 시작했다. 그럼에도 막상 학교 밖에 나왔을 때는 준비된 것 없이 갑자기 뺑 차여 나온 것 같았다.

그런데 그건 내가 회사라는 조직생활에 맞지 않는 인간이었기 때문이 아니다. 아직 회사에 적응되기에 충분하지 않은 상태임에도 회사에서 내 또래인데 나보다 경력이 긴 동기들을 보고 나 자신을 판단했기 때문이다. 그랬기 때문에 누가 뭐래도 학교에 남으리라 생각하고 노력해왔던 나에게 월급 받는 조직의 직장인이 되고 처음 5년간은 부단히 내적 갈등을 겪으면서 보냈다. 프로젝트가 안 되거나 미팅이 잘 안 되면 '아, 나는 역시 회사 체질이 아닌 인간이었나 보다. 역시 학교로 돌아가야지.' 하면서 학교 포지션을 끊임없이 찾아보고 다녔다.

그런데 요즘은 뭘 봐도 일과 조직으로 보인다. 마냥 아름다운 디즈니의 행진을 봐도 이제는 누구는 풀타임이고 누구는 계약직일 것이고 그들의 작업 매뉴얼, 채용 과정, 동료들 이런 것들이 보인다. 사실 난

일이 체질이 아니라고 말할 수 없는 사람 같다. 그게 아니라면 일정한 시간 동안 쌓인 일하는 사람으로서의 태도가 더욱더 그런 생각을 하게 만든 것인지도 모르겠다.

어떤 갈림길에 서든 최선을 다한다

당신은 지금 대학원이라는 끝나지 않을 것 같은 터널에서 학문의 길이냐, 취업의 길이냐를 두고 결정의 갈림길에 섰을 수도 있다. 경주마처럼 살다가 그 갈림길에 맞닥뜨려 본 후 (아직 그다지 긴 길을 걸어온 것은 아니지만) 그래도 먼저 지나쳐본 사람으로서 그 결정에 도움이 될 한마디를 하고 싶다. 그건 지금 당신의 결정 하나가 5년 후 10년 후의 당신을 결정하는 것이 아니라는 것이다. 지금 내리는 결정으로 운신의 폭이 작아진다고 생각할 수도 있겠으나 실은 미래의 당신은 오늘과 미래 사이에 아주 무수히 많은 결정과 그에 따른 노력의 정도에 따라 결정되리라는 것이다.

그렇기에 이런 결정은 더욱이 실험이 망해가는 어느 날 불현듯 결심한다거나 연구책임자가 매우 부정적인 피드백을 주었다고 해서 결정하지 않기를 바란다. 연구책임자가 그날따라 기분이 안 좋았던 것일 수도 있고 오늘 이유 없이(정말 이유가 없지는 않겠지만) 망한 실험이라면 내일 이유 없이 잘될 수도 있는 것이다. 그러니 대학원 동안 충분한 시간을 두고 여러 방면으로 안테나를 켜서 내가 선택할 수 있는 것들을 고려해보기를 추천한다. 그런 결정이 충분한 데이터 포인트로 쌓여서 그것과 같은 결정에 필요한 크기의 신뢰도가 달성되었다고 생각하면 결정하면 된다.

사실 우리가 사는 복잡계의 무수한 변수 사이에서 의미 있는 확실함을 도출한다는 것은 불가능에 가까울 수도 있다. 결국엔 그런 안개를 헤치며 목표에 도달한다는 건 최적의 경로 설정이 아니라 기민한 시행착오trial-error 시스템을 구축해가는 것에 있다. 즉 미래의 어느 시점까지 무수히 많은 갈림길에서 내린 결정에 최선을 다하고 다음 결정을 위해 더 좋은 선택지가 많아질 수 있도록 노력하는 게 나름 확실한 방법이라고 생각한다.

7

박사후보자격시험에
떨어졌을 때 어떻게 할 것인가

대학원 졸업요건은 무엇이 있는가

대학원 졸업시험의 요건은 다양하다. 기본적으로 국가와 학과를 아우르며 공통으로 요구되는 요건들은 다음과 같다.

- 코스워크: 학과에서 제공되는 수업들이며 석사과정과 연계되는 박사과정에서는 석사과정의 수업을 코스워크에 들은 수업으로 인정해준다. 학부 수업을 들어도 인정해주는 대학원들도 있다. 이는 학기 초에 나오는 학과의 핸드북을 보면 자세히 나와 있다. 학기 초에 이런 책을 나눠주면 (혹은 온라인에 뜨면) 이게 뭔가 하고 그냥 버리지 말고 첫 페이지부터 마지막 페이지까지 정독하면 좋

다. 보통 학부 수업의 경우 수업 기호가 100번대에서 시작하고 대학원 수업은 200번대에서 시작한다. 학교마다 다르겠지만 일반적으로 이 세 자리의 수업 기호에서 십자리의 숫자는 단과대 내에서 각 학년에 해당하는 경우가 일반적이다.

예로 201은 대학원 입문 수업일 테고 231은 대학원 고학년 차 논문 세미나 등일 확률이 높다고 보면 된다. 혹은 xx학-1,2,3처럼 숫자로 레벨이 표시되는 경우도 있고 A, B, C 등으로 수업의 레벨이 표시되는 경우도 있다. 학부처럼 이게 다 같은 수업인데 다만 강사가 다른 건가 하는 추측일랑 하지 말자.

- 조교업무: 예를 들면 최소 4학기의 연구조교와 1학기의 교육조교를 졸업요건으로 하거나 코스워크 후 2학기 동안의 연구조교 활동과 1학기의 교육조교를 졸업요건으로 하는 경우가 있다. 이건 학교별로 학과별로 다르다. 나랑 같은 학교에 있다고 한들 옆 학과 동기와 나의 졸업요건은 똑같지 않을 수 있으니 꼭 확인하기를 바란다. 이런 내용은 대학원 입학 학년별로 다르다. 입학하는 해에 공시된 졸업요건 파일이나 기록을 잘 가지고 있다가 본인의 이정표milestone를 확인할 때 계속 사용해야 한다.

- 졸업시험: 편차가 가장 큰 항목이다. 이 졸업시험을 박사후보자격시험+박사통과시험의 형태로 하는 학교가 있고, 그냥 바로 박사통과시험만 보는 경우가 있다. 박사통과시험은 나의 학위증 수여 능력을 검증해 보이는 시간이다. 박사후보자격시험에서 학과 수업의 내용을 물어보고 박사통과시험에서 학위논문의 초안을

발표하는 경우도 있고 코스워크를 모두 일정 학점 이상으로 완료한 후에 학위논문의 초안을 발표하는 경우도 있다. 또는 완성된 학위논문을 발표하는 경우도 있다. 이 시험에 통과하게 되면 박사 후보에서 박사가 되는 것이다. 또는 코스워크도 끝나고 졸업논문도 거의 다 쓴 상태에서 최종발표를 박사통과시험에서 하면서 학위 수여 여부를 결정하는 경우도 있다. 논문도 다 썼고 취업도 된 상태이다. 설마 떨어뜨릴까 싶은 세팅에서 이루어지는 박사통과시험이라도 왕왕 떨어지는 경우가 있다. 방심은 금물이다.

영겁의 시간인 것 같았던 코스워크와 조교업무의 요건을 완료하고 영차영차 해서 드디어 졸업 심사의 순간이 도래하게 된다.

대학원 졸업시험은 공부만 하면 되는 것이 아니다

일반적으로 박사후보자격시험과 박사통과시험에 필요한 교수들 스케줄링과 시험 장소 섭외도 직접 다 본인이 해야 하며 학연지연**friends politics**(좋은 게 좋은 거라는 마음가짐이라고 설명할 수 있으려나)이 작용할 수 없도록 나의 지도교수와 함께 연구했거나 연계된 사람이 아닌 사람과 학과 내 전혀 다른 전공의 교수도 불러서 시험을 봐야 한다. 이것은 나의 설명 능력과 교육 능력을 보는 것뿐이 아니라 대학원 생활 동안에 나와 다른 교수들과의 학문적 교류의 범위를 보겠다는 것도 있다. 본인 공부만 하면 되는 게 아니라서 더 어려운 거다.

정말 바쁜 교수들이 아무리 본인 이력서에 내가 누구누구 박사후보 자격시험과 박사통과시험 커뮤니티였다고 쓸 수 있다고 한들 본인에게 도움이 되는 학생이 아닌 한 그렇게 시간 많이 드는 일을 자처하지는 않는다. 나는 과 동기들과 몇 번의 리허설 후에 어렵게 세팅한 박사후보자격시험을 치렀다. 시험이 진행될수록 교수들의 표정이 어두워졌고 끝난 후에 밖에서 결과를 기다리는 한 시간 동안 간이 콩알만 해진다는 생리학적으로 불가능한 일이 내게 일어나는 것 같은 상태를 느꼈다.

떨어졌다고 세상이 무너지지는 않는다

부끄럽지만 고백하겠다. 나는 박사후보자격시험에 한 번 떨어졌다. 주변에 동기들은 다 쉽게 붙는 것 같던데 나는 떨어졌다. 세상이 무너지는 것 같다는 걸 경험했다. 한 번 박사후보자격시험에 떨어지고 다시 준비하는 동안에는 시간이 어떻게 지나간 건지 기억나지 않을 정도로 공부만 한 것 같다. 심지어는 나의 졸업심사위원회의 위원이었던 교수는 시험 후에 나의 학문적 미완성도에 깊은 우려가 된다며 지도교수와 학과장에게 면담을 요청하라고 추천하기까지 했다. 그러면서 본인의 수업을 더는 듣지 말고 더 하위 레벨의 수업을 듣고 오라는 메일까지 보냈다.

꽤 치욕적이었다. 나중에서야 그런 피드백을 자주 주는 타입의 교수라는 걸 들었다. 끔찍한 참패에 더해 이런 피드백까지 받으면 이 세상을 하직해야겠다는 생각이 들 수도 있다. 나는 그랬다. 도서관에서 공부하다가도 갑자기 주체할 수 없이 눈물이 펑펑 쏟아지기도 했다. 그런데도 끝낼 건 끝내야 해서 꺼이꺼이 울면서 공부했다. 외국인 학생에게 박사후보자격시험에서 떨어진다는 건 학교를 나가야 한다는 뜻이다. 또한 동시에 비자가 유효하지 않기에 몇 주 안에 본국으로 돌아가야 한다는 뜻이다. 나는 주변 지역의 직업학교 등록도 진지하게 고민했다. 그래도 의지의 한국인인데 이렇게 쉽게 접을 수는 없었다. 이 시기에 어떻게 다시 공부해야 하고 연구 방향을 잡아야 하는지는 본인의 연구인 만큼 본인이 제일 잘 알 것이고 케이스 바이 케이스일 테니 그쪽에 관해서는 기술하지 않겠다.

하지만 지금 그런 대학원 생활의 고비에 있다면 꼭 알았으면 좋겠다는 것은 그 시험 그거 그냥 한 번 더 보면 된다는 거다. 보통 학교 교칙상 두 번의 박사후보자격시험 기회가 주어진다. 실제로 내 주변에는 학과와의 협의로 세 번까지 시험을 본 친구들도 있었다. 그리고 몇 번을 보고도 떨어져 결국 다른 학과나 다른 학교로 옮겼다가 그곳에서 더 적성에 맞는 연구를 찾아 최우수 학생논문상 등을 받으며 꽃길을 걸어간 친구들도 있다. 다시 한번 기회가 주어진다면 최선을 다하고 스스로 떳떳할 만큼 최선을 다해보자. 그런데도 길이 안 열린다면 먼저 이 길을 가본 사람들이 보기에 여기보다 다른 길이 더 맞는다고 진심으로 충고해주는 것쯤이라고 생각하면 된다. 그때 나에게 그런 말을 해준 사람이 없었다. 그래서 나는 그때의 내가 세상에서 없어져야 할 존재인 듯 느껴지는 시간을 보내야 했다.

박사후보자격시험이나 박사통과시험 심사위원회에 있는 사람들은 수험자의 학문적 소양만을 평가하는 것이지 당신의 존재 자체를 평가하거나 부정하려고 그 자리에 모이는 것이 아니다. 그들 역시 아침에 일어나면 각종 부족함과 자괴감과 등등의 것들을 똑같이 느끼는 인간이다. 그러니 그들의 결정을 마치 전능자가 내린 최후선고로 여겨서는 안 된다. 인생의 한순간에 깊이 기억에 남을 선고이지 거기서 인생이 끝나거나 부정당하는 건 절대로 아니다. 그냥 첫사랑한테 대차게 외면받은 느낌쯤으로 받아들이는 게 정신건강에 좋다.

다시 도전할 때는 패인 분석을 하고 하자

학과마다 졸업시험의 요건이 다른 관계로 같은 해 입학한 학생 전원이 동시에 프릴림preliminary exam에 응시하기도 하고 시차를 두고 응시하기도 한다. 전 학년이 동시에 보는 경우는 보통 퀴즈의 형태이다. 확률상 이런 형식은 코스워크가 잘 짜인 고전 학문을 전공하는 경우에 더 많다. 비교적 신생 분야나 코스워크 중에서도 논문 세미나의 학점이 높은 학과의 경우 연구논문 발표의 형태로 진행되는 경우가 많다. 그러다 보니 단과대 건물에서 단체 박사후보자격시험이 끝나는 시기에 지나다니다 보면 좀비같이 하얗게 질려서 의기소침하게 움츠러든 어깨로 걸어다니는 대학원생들을 볼 수 있다. 그런 대학원생들을 보면 따뜻한 위로의 미소를 지어주자. 그 미소가 어떤 사람에게는 세상에서 외면당한 거 같았을 때 실낱같이 보이는 생명줄 같은 희망이 될 수도 있으니까.

다시 도전하는 시험 때는 첫 시험의 패인을 분석해서 임해야 한다. 혹시 나의 졸업시험 심사위원회에 사이가 안 좋은 교수들이 있다면 반대를 위한 반대를 할 수도 있다. 비록 사이가 좋다고 해도 내 연구 주제와 반대 논조의 연구를 진행하는 교수가 있다면 초대하지 않는 것이 좋다. 이런 흐름을 읽기가 쉽지 않다면 지도교수와 상의해서 커뮤니티를 조성하는 것이 좋다. 나는 실패한 프릴림 때 연구방법론과 관련한 연구법 질문에서 코스워크 중에 배운 몇 가지를 제대로 대답하지 못했고 연구 고찰 부분에서 연구 전망을 제대로 짚어내지 못한 것이 실패 요인이었다.

게다가 시험을 봐야 한다고 갑자기 통보받은 학기에 시험을 완료해야 했다. 그래서 나에게 수업을 들을 만큼의 기본 지식이 부족해 보인다고 수강 취소를 권유한 교수를 1차 시험 때 졸업심사위원으로 급조하여 설정했기 때문에 어디서 무너질지 뻔한 상태에서 시험을 본 것이다. 나는 새로운 시험을 3주 뒤로 잡고 코스워크 내용과 중간·기말 시험 본 것들을 리뷰하고 관련 연구논문을 모조리 읽고 시험을 보러 들어갔다. 1차 때와 달리 2차 시험 때는 결과도 10분 정도 지나고 바로 통과로 나왔던 걸 보면 합격 여부의 논의를 줄이고자 노력한 결실이 있었던 것 같긴 하다.

1차 때 크나큰 고배를 안기고 수강 취소하는 게 좋겠다고 했던 그 교수를 2차 때도 군이 졸업심사위원회에 초대했다. 그리고 그 수업을 군이 끝까지 들어서 A를 받았으며 그 교수와 논문을 써서 출판했다. 학기 마지막 수업 날엔 교수가 이번 학기에 가장 고생하고 가장 크게 발전한 학생이라고 군이 일으켜 세워서 박수받게 했다. 나쁜 인연이라고 생각한다면 잊어버리고 말 수도 있었다. 하지만 이런 경험들을 하나씩 쌓아서 나랑 안 맞는다고 생각한 사람들과도 협업할 수 있고 생각을 바꾸게 할 수 있다는 자신감을 얻게 되었다. 이런 기억은 졸업 후의 삶에 큰 밑거름이 될 수 있다.

졸업시험 통과 후에는 진로의 마지막 준비를 하자

우선 본인에게 적절한 쉼과 안식을 허락하도록 하자. 쉴 새 없이 달릴 때는 몸의 어디가 잘못된 건지 모를 수 있다. 하지만 박사통과시험까지 끝내고 나면 아주 높은 확률로 몸의 어딘가가 제대로 작동하지 않을 수 있다. 학교 보건소에 가서 기본 건강검진과 심리상담도 받고 교수님들과 허심탄회하게 졸업 이야기도 하고 나를 지켜주고 지지해준 가족과 친구들에게 고맙다고 마음 담긴 감사도 표시하자. 그러면서 이 모든 과정을 지나온 것을 천천히 느끼면서 미리 생각해두었던 졸업 후 진로로 향하는 마지막 준비를 하면 된다. 나의 졸업심사위원회에 계셨던 교수님은 이제 '주말'의 정의를 다시 내려보라고 추천해주셨다. 한동안 까마득히 잊고 지냈던 주말이라는 시간이 어떤 것인지, 쫓기는 기분이 없는 주말이 어떤 것인지 혹시 잊었다면 차근히 하나씩 다시 되짚어보라고 말씀해주셨다.

8

어떻게 잡페어를 100퍼센트
활용할 것인가

대학원 생활을 하며 취업 활동을 하기는 쉽지 않을 수 있다. 전문대학원을 제외하고 대학원은 학문을 업으로 하고자 하는 예비 연구자들을 양성하는 구조다. 그들을 지도하고 가이드하는 사람들 역시 학문을 업으로 삼아 당신의 지도교수가 된 사람들일 것이기 때문이다. 하지만 대학원 졸업 후에 학교가 아니라 회사로 가고자 하는 사람이라면 혹은 아직 그게 확실하지 않은 사람이라면 잡페어job fair를 활용해보기를 추천한다.

학교에서 제공하는 잡페어는 비단 우리가 일반적으로 생각하는 '회사'에 고용할 인력을 찾는 것뿐만 아니라 대학교와 대학의 교원이나 국립연구소의 연구원을 찾는다. 보통 학교나 학과에서 잡페어 리스트를 학기 초에 전달하는데 생각보다 많은 대학원생이 제대로 활용하지 못한다. 아마도 학교 수업과 연구의 하중을 겨우 버티며 사는 사람들이 잡페어까지 신경 쓰는 건 거의 불가능하기 때문일 것이다. 그럼에도 왜 잡페어에 꼭 참석해야 할까? 그건 졸업 후의 진로 결정에서 운신의 폭을 크게 늘려줄 기회를 얻을 수 있기 때문이다.

참석할 잡페어 리스트업을 해보자

바쁜 수업과 연구 일정 중에 최대한의 효율로 잡페어를 활용하려면 꼭 참석하고 싶은 '갑'의 잡페어 로드쇼 일정을 알고 있어야 한다. 내가 관심 있는 학교, 연구소, 회사의 현재 근무자와 만나서 업무와 해당 기관의 미션 등을 들을 기회이다. 따라서 기존에 알고 있는 누군가가 추천해주는 곳으로 진로를 정하는 게 아니라면 최대한 많은 것을 물어봐야 한다.

보통 잡페어는 오전, 오후, 전일, 혹은 며칠에 걸쳐 이루어지는데 수업과 연구업무를 제쳐두고 갈 수는 없다. 따라서 원하는 학교, 연구소, 회사의 부스가 열리는 시간을 잘 기억했다가 참석하기를 추천한다. 실리콘밸리의 경우 학교 외에도 지역 회사들이 일정 기간마다 모여서 하는 잡페어도 있으므로 그쪽 회사에 관심이 있다면 로컬 밋업meet-up 등도 체크하는 걸 추천한다. 학교에서 열리는 잡페어의 경우 재학생이나 졸업생에게만 한정되는 경우도 있고 외부인들에게도 열린 경우가 있다. 원하는 학교, 연구소, 회사 근처의 학교에 갈 일이 있다면 외부인에게 열린 잡페어도 참석해보길 바란다.

마지막으로 페어까지는 아니지만 취업설명회 같은 게 열릴 때가 있다. 한국 회사들이 국내 혹은 해외 대학에 있는 유학생들을 대상으로 한다. 보통 후하게 밥을 사주면서 회사 소개를 한다. 때로는 호텔에서 열어 화려한 최신 전자기기들을 선물로 전원 지급하며 설명회를 하기도 한다.

참석 전 준비할 것들을 체크하자

잡페어 전에 준비할 것은 이력서, 지원하고자 하는 곳에 대한 약간의 조사(혹은 현재 나와 있는 채용공고), 그리고 거절당해도 쿨하게 돌아설 수 있는 마음가짐이다.

대학원 신규 졸업자fresh graduate에게 이력서 쓰기는 꽤 고역이다. 뭘 써야 할지 모르기 때문이다(이런 순간을 경험하면서 내가 졸업 후에 맨주먹으로 하나씩 이력을 쌓아나가야 하는지 깨닫게 되기도 한다). 아직 이력이 많이 없는 대학원생이라면 여러 가지 연구 경력이나 리더십을 발휘했던 것 위주로 작성하고 학교나 연구소 위주의 잡 서치라면 몇 장의 이력서cv도 괜찮겠지만 회사 위주라면 가급적 1장으로 줄여서 준비하자. 혹시 원하는 업종이 정확하지 않다면 일반적인 연구 능력과 경력을 보여주는 이력서로 준비하거나 아예 연구 내용을 자세히 기입하되 지원하고자 하는 회사별로 여러 가지 포인트를 달리해서 준비해가도록 하자. 참고로 고용주에 따라 군이 레쥬메와 이력서를 구분하는 경우가 있다. 두 가지가 동일한 게 아니므로 요구되는 양식을 작성하기를 추천한다.

이력서의 준비와 병행할 것이 바로 학교, 연구소, 회사에 대한 조사이다. 대학원 신규 졸업자의 가장 큰 약점이 바로 이 부분일 수 있다. 나를 고용하고자 하는 사람은 고된 대학원 생활로 인해 지친 나의 상태 등은 관심 여부가 아니고 얼마나 철저하게 회사에 관해 조사해왔는지로 나를 평가한다. 따라서 지금 고용주에게 내가 얼마나 진심으로 함께 일하기를 기대하고 있고 그냥 왔다 가는 다른 많은 지원자와 달리 당신이 나에게 3분 더 시간을 투자하여 나의 이력서를 읽고 채용을 진행한다면 '나는 당신에게 이런저런 퍼포먼스로 당신과 나의 공동의 이익을 이룩할 수 있다.'라는 인상을 강하게 심어주는 것이 필요하다는 것이다. 그러려면 잠재적 고용주가 3분의 시간 동안에 자신의 학교 또는 연구소 또는 회사에 관해 설명하는 것보다 내가 고용주에게 나의 의지를 설명하며 회사와 직책에 대해 이미 얼마나 잘 알고 있고 어떻게 잘 적응해 최고의 퍼포먼스를 선보일지 설명하는 게 더 효과적일 것이다.

마지막으로 준비할 것은 튼튼한 마음이다. 잡페어에는 (경우에 따라 다르겠지만) 크리스마스이브 날의 강남역 출구처럼 사람에 밀려 걸어가야 할 만큼 인파가 가득 차 있고 인기 있는 회사는 인사담당자와 이야기하려면 두세 시간은 족히 줄 서서 기다려야 한다. 나 잘났다고 떠들어대는 사람을 내 앞에서 300명쯤 보았을 인사담당자에게 자신을 소개한다는 게 쉬우리라고 기대하지는 않으리라 생각한다. 내 이야기

에 고개를 기계적으로 끄덕이는 인사담당자를 만났더라도 의기소침
해지지 말고 다음 부스에서 이야기할 때는 새롭고 의지 있는 얼굴과
마음가짐으로 가는 게 중요하다.

참석 후에는 팔로업을 꼭 해야 한다

정신없이 지나 보냈더라도 잡페어에서 이야기하면서 인상에 남았
거나 흥미가 생긴 회사가 있다면 팔로업follow-up을 꼭 해야 한다. 연
락하겠다는 말은 일종의 소개팅에서 하는 말과 같다고 생각하면 된
다. 내가 이미 나의 학문적, 기술적 분야에서 이름만 말해도 데려가고
싶어 하는 정도가 아니라 아직 내가 '을'이라면 먼저 연락하고 먼저
나의 지원 의지를 상기시켜야 한다.

이메일에는 꼭 이력서를 첨부하고 좀 더 적극적으로 학교 또는 연
구소 또는 회사에 대해 더 많이 알고 싶은데 혹시 잠깐 화상 미팅이
나 전화 미팅이 가능한지 물어보자. 아직 잘 모르겠는데 기회는 놓치
고 싶지 않다면 혹시 회사에 본교 출신이 있는지, 있다면 혹시 전화번
호나 이메일을 알려줄 수 있는지 등 적극적인 자세를 보여주자. 더는
뭘 해야 하는지 모르겠을 때는 역지사지로 생각해보면 된다. 만약 내
가 인사담당자이고 어제 잡페어에 가서 영혼이 탈곡되도록 많은 학
생을 보고 누구 것인지도 모르는 이력서를 1,000장쯤 받아왔다. 그중
몇 명쯤 추려서 각 팀에 전달해줘야 하는데 다 읽자니 눈앞이 캄캄하

다. 그런데 어제 우리 부스에 왔다는 대학원생이 어느 팀에 관심이 있으니 자기 이력서를 혹시 전달해줄 수 있냐고 하면서 자기는 며칠 언제 잠깐이라도 전화 미팅이 가능하다고 한다. 그리고 혹시 내가 답신을 까먹었다 해도 하루 이틀쯤 뒤에 다시 리마인드까지 시켜준다면 월급 루팡 인사담당자가 아닌 이상 채용담당자**hiring manager**에게 전달할 수밖에 없을 것이다.

9

연봉에 대해 제대로 알아두자

대학원 중에서도 특히 박사과정에서는 작정하고 학계가 아니라 산업계로 가겠다고 하는 사람이 많지 않은 관계로 회사의 처우와 연봉에 관해 잘 알기가 어렵다. 대개 주변에 취업한 선배들의 이야기나 건너 들은 이야기인 경우가 많다. 나 역시 그랬기에 대학원생 때 취업 후 내가 받는 연봉이 적당한 것인지 협상의 여지가 있는지 잘 몰랐던 것 같다. 석사 졸업자의 경우 이런 정보가 더 많다. 그런데 박사 졸업 예정자가 이런 정보를 찾으려고 하면 더 어렵다.

회사의 인사담당자가 혈연관계나 친족관계가 아닌 이상 당신에게 알려주지 않을 협상 가능한 옵션들에 대해 많이 알고 있어야 한다. 졸업하고 회사에 처음 들어갈 때는 그 연봉협상이 나에게는 첫 번째 연봉협상일 것이다. 하지만 회사와 연봉협상을 중재하는 인사담당자는 이미 많은 대학원생과 신규 대학원 졸업자들을 고용했기에 절대적인 정보의 불균형 상황에 놓이게 될 것이다. 그때를 대비해 대학원생 동안에 미리 알고 있으면 좋을 것들은 다음과 같다.

연봉은 어떻게 구성돼 있는가

내가 받는 금액

기본급base salary: 말 그대로 기본적으로 주어지는 연봉이라는 뜻이다. 회사가 부도가 나지 않는 한 지급된다고 생각하면 된다. 회사에 따라 다른 건 아무것도 안 주고 기본급이 엄청 높은 경우가 있다. 혹은 그 반대로 기본급이 낮고 나머지 보너스, 성과급 등이 매우 높은 경우가 있다(혹은 그냥 둘 다 낮은 경우도 있다. 좌절하지 말자). 본인이 원하는 게 안정적인 포지션인지 혹은 영혼까지 끌어모아 열심히 해서 연말 세금결산 때 웃을 수 있는 연봉을 만들고 싶은지에 따라 염두에 둘 항목이다.

주식stock options: 주식회사나 아직 상장되지 않은 기업에 들어가는 경우 보통 기본급에 이어 연봉에서 차지하는 크기가 가장 큰 항목이다. 입사 시점에서 일정 분량의 스톡(혹은 양도제한조건부가상주식RSU)을 주는데 입사 시점에는 5센트였던 스톡이 5년 후에 300배가 되거나 하는 경우도 있다. 혹은 입사 시점에 한 주당 200달러가 넘었는데 나올 때 보니 드물게도 반 토막의 반 토막이 났을 수도 있다. 양날의 검 같은 것이다.

중요한 것은 받는 주식의 개수가 일정하게 정해져 있을 수도 있고 지급하기로 한 금액을 입사 날짜의 1주당 주식가격으로 나누어 지급할 주식의 개수를 결정하는 경우가 있다. 그러므로 그 회사의 주식가격 변동 폭을 잘 보고 입사 시기를 결정하기를 바란다. 이것만으로도 기본급 협상으로 얻은 추가분을 우회하는 이득을 얻는 경우가 많다.

성과금refresher: 회사에 들어가서 일정 기간의 업무를 수행하고 평가받아서 기여 정도나 그해 전체에서 얻은 초과달성분의 이익을 나누어주는 개념이다. 피치 못할 사정으로 기본급을 낮추어 입사하는 경우(예를 들면 특정 직급으로 들어가야 하는데 다른 입사자보다 더 많은 핵심 기술을 보유하고 있어서 직급별 연봉 최대치에 다다른 경우) 입사 후 일정 기간 성과금을 보장받거나 업무수행평가 점수를 보장받거나 하는 경우가 있다. 성과금의 경우 '기본급의 x퍼센트에 해당하는 상한금액 내에서 지급한다.'라고 명시되는 경우가 일반적인데 명시돼 있다고 한들 그 금액을 받는 게 아니므로 주의해야 한다.

상여금 및 기타수당: 상여금은 이름은 다르지만 비슷한 콘셉트로 다른 나라에도 많이 존재한다. 한국의 경우 경조사, 연말, 연초 등에 지급된다. 다른 나라의 경우 가족이 모이는 연말연시나 연휴가 되는 시점에 쓸 수 있는 기프트 카드나 이동비 등을 지원한다. 기타수당의 경우 오퍼 레터에 잘 명시되어 있지는 않다. 하지만 인사담당자에게 물어보면 알려준다. 예를 들면 운동지원비, 환경부담지원비(자차 대신 자전거, 대중교통 이용 시 지급), 자기계발비(일정 근속기간 이후 지급되는 교육지원비), 자녀수당, 고국 방문비, 국제 이사비 등 엄청나게 많은 작

은 항목들이 있다. 열심히 찾아서 그 혜택을 다 받을 수도 있고 아닐 수도 있다. 너무 챙기다 보면 월급 루팡이라는 이야기를 들을 수도 있다. 입사 시점에서는 큰 비중을 두고 생각하지 않아도 될 것이다.

TC: 총보상total compensation의 약자이다. 다시 말해 영혼까지 끌어모아 계산한 연봉이라고 생각하면 된다. 회사마다 총보상을 정의하는 기준이 조금씩 다르다. 팀블라인드, 글래스도어, 잡코리아 등 연봉 검색 사이트의 총보상 금액만 보고 쉽사리 입사를 결정할 수는 없게 만드는 이유가 바로 여기 있다. 주의하자.

내가 내는 금액

세율: 국가마다 근로소득의 세율이 다르다. 그리고 더 중요하게 자신의 연봉의 크기에 따라 적용되는 세금의 비율도 정해져 있다. 또한 미혼·기혼 여부에 따라서도 근로소득의 적용 세율이 달라진다. 따라서 자신이 취업할 국가 혹은 주state의 근로소득 세율이 미리 알아두는 것을 추천한다. 미국은 연방 세금과 주 세금이 모두 과세되므로 본인이 직장을 위해 이주할 주의 세율도 미리 알아보는 게 좋다.

의료보험료: 세율 다음으로 국가별로 차이가 나는 항목이라고 볼 수 있다. 매번 미국 대선에서 공중의료보험 체계가 쟁점이 되는 이유이다. 본인의 의료비 지출 패턴을 잘 파악하고 적절한 의료보험 타입을 정한 후에 그에 상응하는 지출 비용을 고려해 연봉 계산에 반영하면 된다.

연금: 연금 역시 국가마다 다르다. 또 한 국가에서라도 회사마다 다

르다. 미국에서는 본인 연봉의 x퍼센트를 연금으로 낸다. 연금의 경우 1년에 낼 수 있는 금액에 한계가 있으므로 그 금액 내에서 잘 맞추어 내야 한다. 회사에 따라 1년에 본인이 기여한 연금의 금액을 어느 정도 초과하면 나머지는 내주는 경우도 있고 1년에 연금에 기여할 수 있는 금액 내에서 본인이 내는 금액에 100~200퍼센트까지 매칭해주는 경우도 있다. 혹은 본인이 미국에 오래 살 계획이 확실히 없는 경우에 연금을 아예 안 내는 친구들도 있다.

다만 연금은 세금의 혜택도 있어서 자세히 검토하기를 추천한다. 한국과 연금협약이 있는 국가의 경우 연금을 냈는데 한국에 영구 귀국할 때 연금지급 내용을 그대로 연계 이전해주기도 하고, 세금 손실 없이 원금(혹은 전액)을 내주기도 한다. 유럽 국가들의 경우 근로소득 없이 오랜 기간 대학원에 있다가 나올 때 원래 내야 하는 연금 금액보다 좀 더 많이 내서 더 빠르게 다른 연금 기여자들과 같은 금액에 다다를 수 있도록 하기도 한다.

급여 명세서에는 없지만 규칙적으로 나가는 돈: 본인의 급여 명세서에 적혀 있지는 않지만 무시하지 못할 덩어리의 항목은 바로 렌트와 교육비이다. 회사의 연봉이 높아지는 데는 출퇴근 가능한 거리에 이주해야 할 직원들의 거주비를 고려한 결과이다. 코로나 팬데믹 이후에 재택근무가 이어지기는 하지만 영원할지는 미지수이다. 이런 경우가 아니라면 나와 비슷한 연봉을 받는 사람들이 모여 사는 월세가 결단코 저렴하지 않은 동네에 살게 될 것이다. 본인의 연봉을 예상할 때 꼭 염두에 두어야 하는 항목이다. 마지막으로 취학 아동이 있는 가정은 취직을 위해 이직하는 곳의 교육비도 고려해야 할 것이다. 그 외에 전기, 물, 인터넷, 핸드폰 비용, 집 보험, 자동차 보험, 식비, 교통비 (혹은 주유비) 및 주차비 등도 고려해보아야 한다.

연봉협상은 어떻게 할 것인가

백발백중이 아닌 경우에야 어떤 회사에 지원할 때는 다른 회사에도 함께 지원하는 경우가 일반적이다. 여러 회사에서 진행한 입사지원이 비슷한 시기에 연봉협상의 시점에 다 다르면 더할 나위 없이 좋은 조건이다. 다만 최종 금액만 가지고 가서 연봉협상을 하지 말고 업무의 다양성이나 연구의 밀접도 등을 함께 고려해서 나서야 한다. 정보의 바다에는 수많은 연봉협상의 기술과 방법들이 있다.

원칙으로 삼을 것은 협상을 통해 나의 잠재력이 제대로 평가받은 후에 업무를 시작할 수 있도록 하기 위함이라는 마음이어야 한다. 일단 받을 수 있는 만큼 다 받고 들어가자는 마음이면 곤란하다.

기본급 확정 후 협상 가능한 것들을 알아보자

어느 정도 기본급이 확정되거나 더는 추가가 불가능하다면 더 고려해볼 것들이 있다. 국가와 업종을 넘어 가능한 종류의 협상으로는 아마도 성과급 협상이거나 연가의 여부이다(성과급 관련 내용은 앞에 기술했다). 연가의 경우 직급별로 정해진 연가의 날수나 증가하는 속도가 정해져 있기도 하다. 하지만 어느 정도 입사 전에 협상이 가능한 항목이기 때문에 꼭 입사 전에 협상해보기를 추천한다. 참고로 무제한 연가가 가능한 회사들도 있다. 다른 항목으로는 이주비의 경우이다. 입사를 위해 국제 이사를 하거나 다른 주에서 이사할 땐 이동비와 정착비를 지원한다.

이 정착비에 많고 많은 알려지지 않은 옵션들이 있다. 예를 들면 새로 이사 갈 곳에서 1~2개월간 무료로 머물 수 있는 집을 지원하거나 집을 구한 경우 가구 구입비를 지원하는 옵션이 일반적이다. 그 외로 이사 갈 집을 찾으러 가는 경비를 지원하기도 하고 이사 후에 원래 살던 곳에 한 달에 한두 번씩 가서 각종 공과 업무와 뒷정리를 할 수 있는 시간과 비용을 지원하기도 한다. 경우에 따라 함께 이주한 가족들의 고국 방문 경비를 1년에 몇 회 보장하는 식의 혜택도 있다. 회사마다 다르니까 꼭 꼼꼼히 읽어보고 물어봐야 한다.

혹은 이사하는 집의 렌트를 일정 기간 지원하는 옵션도 있다. 이것 또한 협상 가능한 항목이다. 그리고 보통은 회사에서 이주 관련 업무를 하는 대행업체를 지정한다. 회사 인사팀의 이주담당자와 이사 대행업체가 알려주는 혜택 내용이 다를 수 있으므로 꼭 그들이 알려주는 혜택 내용에 대해서는 구두가 아니라 이메일이나 문서로 기록을 남길 것을 추천한다.

회사의 규정상 금전적으로 보상할 수 있는 옵션을 모두 소진한 협상 테이블이라면 입사 후 1년 후 혹은 어느 시점까지의 인사고과의 점수를 확정받는 방법도 있다. 대개 해외 이주로 고용되는 경우 적응 기간에 업무 성과까지 똑같이 내기 힘들 것이라고 산정하기 때문이다. 이런 인사고과점수에 따라 연말 보너스의 정도가 달라진다. 이 점수를 협의하고 입사하는 게 좋다. 어찌 보면 총보상에 영향을 미치기 때문이다.

이 모든 과정이 끝났다면 길고 긴 대학원 생활을 일단락하고 급여자의 길로 들어설 채비를 하면 된다.

10

대학원 신규 졸업자에게
무엇을 기대할까

　학계에 있다가 산업계에 가서 제일 적응하기 어려운 것이 연구 진행에서 요구되는 미션이 다르다는 점이다. 나는 대학원에 다닐 때 이런 부분에 대해 전혀 몰랐다. 알았다면 어느 정도 훈련하면서 적절한 연구 스타일을 개발했을 것이다. 그렇지 않았기에 회사에서도 학교에서 하던 스타일로 진행했던 게 초기 업무 적응 속도를 느리게 한 것 같다. 이런 이유로 일반적으로 회사에서는 대학원 신규 졸업자가 들어올 때 입사 후 업무 적응까지 최대한 길을 잃지 않도록 많은 지원을 한다. 하지만 이것 역시 업무를 달성하는 데 필요한 역량 이후에 잉여의 노력으로 주어지는 것이라서 성공적으로 이루어지리라고는 장담할 수 없다.

문제를 해결하고 결과를 만들어야 한다

나에겐 학부, 석사, 박사 세 번의 신규 졸업자 시절이 있었다. 학부 졸업 후엔 바로 대학원에 진학했기 때문에 학부 신규 졸업자로 회사에서 바라는 바에 대해 생각해볼 필요가 없었다. 그 이후 대학원 석사 과정 후에 바로 회사에 들어가는 경우와 박사과정을 마치고 회사로 들어가는 경우를 모두 경험해 보았다. 결단코 어느 쪽이 더 쉽거나 안락했다고 말할 수는 없다. 둘 다 어려웠다.

보통 석사 졸업 후 입사한 후배나 팀원들이 나에게 하는 질문은 "박사까지 하고 왔어야 했나요?"이고 박사를 졸업 후 입사한 후배나 팀원들의 질문은 "어차피 전공 못 살릴 거 박사하느라 시간만 낭비한 게 아닐까요?"로 크게 나누어지는 것 같다. 안타깝게도 사실 일반적인 회사는 당신의 최종학력에 크게 비중을 두지는 않는다. 석사든 박사든 학교에서 훈련된 적절한 연구법의 활용, 풍부한 프로젝트 경력, 그리고 비단 언어적 문제뿐 아니라 조직에서 의사소통할 수 있는 능력 정도를 더 중요시한다.

학교, 연구소, 회사 어디든 간에 졸업 이후에 급여 생활을 하면 회사가 대학원 갓 졸업자에게 바라는 것은 정해진 시간 안에 목표로 한 품질의 결과물을 만드는 것이다. 다만 잘 뽑은 대학원 졸업자라는 소리를 듣고 싶다면 그저 미션을 완수하는 게 아니라 정해진 시간보다 짧은 시간에 원하는 목표치보다 높은 퀄리티를 확장성이 높게 완성하는 것이다.

　쉬울 리는 없지만 대학원에서 훈련한 맨땅에 헤딩하기 정신으로 문제를 잘 분해하고 정렬하여 정확한 포인트부터 공략하면서 문제를 해결하면 된다. 그렇기에 더욱이 대학원 때 완전히 모른다고 생각하는 문제를 해결해보고 결과물을 만들어내는 훈련을 해보는 것이 이런 상황에서 도움이 될 수 있을 것이다. 박사博士의 정의는 우스갯소리로 엷을 박薄 자를 써서 조금씩 많이 아는 사람이라고도 하는데 그게 아니라 특정 분야에 관해 넓게 잘 알고 있다는 뜻이다. 자기 분야에서 가지를 쳐나가는 어떤 문제에 대해 그것을 해결하는 능력과 지식을 갖추었다는 것을 검증된 학위기관에서 인증받은 사람이라는 뜻인 것이다. 그러니 특히 대학원 때는 내가 잘 아는 연구 분야를 잘하는 것에 더해 곁가지도 쳐가면서 자기 분야에서 잘 모르는 토픽이나 문제가 있다면 해결해보는 경험을 해보기를 추천한다.

　온갖 이성을 총동원해가며 일해야 하는 곳이 회사다. 나와 비슷한 전공의 지식을 갖춘 동료들과 더불어 그 사람들과 조화롭게 일하는 능력까지 점수를 매긴 것이 연봉이다. 회사에서 당신이 쓸 이론과 방법은 학계에선 이미 나온 지 오랜, 케케묵은, 거들떠보지도 않을 오류투성이의 모델일 수도 있다. 그러니 그런 걸 적용하며 일하라고 그 연봉을 주는 건 아니다. 검증된 방법을 적용하는 것을 넘어 내 두뇌의 조각을 할애하며 디테일을 기억하고 지도가 없는 공간에 영역을 그어 지도를 만들어가며 할당된 업무를 완성하는 게 대학원을 갓 졸업하고 회사에 들어올 박사 졸업생들의 미션이다.

새로운 토픽으로 흥미를 확장해가자

연구자에게 연구 주제, 즉 토픽이란 인생을 내던질 가치가 있는가를 고민하게 만드는 것과 같은 정도의 무게이다. 학부 시절, 대학원 시절, 박사과정(혹은 포닥까지)을 통틀어 최소 10년을 어떤 한 토픽을 뇌의 한구석에 넣어놓고 어디를 가든 그것에 대한 통찰과 관찰을 끊지 않았다는 것이다. 48시간 이상 어딘가로 이동할 때는 무조건 랩탑이나 논문 뭉치를 들고 다니는 삶의 패턴이라는 뜻이다. 그런데 졸업과 동시에 내던져진 취업시장에서 너무 자명하게 그 토픽 덩어리의 일부인 방법론만 떼어서 사용하게 됐다면(물론 어느 곳에서든 적용할 수 있는 유연성은 중요하다. 그걸 간과하겠다는 것은 아니다) 삶의 무게에 휘둘려 일단 받아들였다 하더라도, 연구 순정을 잃지 않은 로맨티시스트가 그 토픽을 하루아침에 잊기는 쉽지 않다.

그랬기에 나도 커리어의 첫 8년간은 끊임없이 돌아갈 길을 모색했고 업무 외 시간에 논문을 찾아 읽고 학회 토픽들을 둘러보았으며 그 분야 동료들의 소식을 챙겨 듣곤 했다. 나는 첫사랑 연구 주제를 잊지 못하고 사는 로맨티시스트였던 거다. 이런 걸 깨닫고 나니 그간 왜 그렇게 회사에서 주어진 재미없는 주제에 관해 마음을 써야 할 때 왜 그렇게 싫었는지 알 것 같다. 난 그 토픽이 싫은 게 아니라 내가 하던 게 아니라서 싫은 거였다. 그때는 회사에서 주어진 업무로는 나의 연구 주제를 확장할 수 있다는 생각을 못 했기 때문이다.

뇌의 능력은 무한하다고 하나 20대 중반을 지나고 30대 초반도 지나서 30대 중반에 들어서면 '아, 이제 내 머리가 예전 같지 않구나.' 하는 깨달음의 순간을 여러 번 맞이하게 된다. 그런 깨달음에 더해 내 첫사랑 토픽이 아닌 것을 붙들고 일을 하는 나날들을 보낸다고 생각해보자. 거기다 같이 일하는 인간들은 하나같이 하기 싫은 일은 떠밀고 남들이 보기에 재미있어 보이는 일은 자기가 한다고 꼭 잡고 놔주질 않는다면 어떻겠는가.

그래서 대학원 때 자기 토픽에 대한 애착이 강했던 사람이라면 그리고 미미하게나마 논문 쓸 때 연구 방법론 개발이 연구 고찰 도출보다 더 재미난 사람이라면 미안하지만 아주 높은 확률로 회사에 들어가서 자기에게 뚝 하고 주어진 생뚱맞은 토픽의 과제들이 쳐다보기 싫은 벌레같이 느껴질 때가 올 것이다. 보통 그런 순간이 대학원을 졸업하고 회사에 들어왔을 때 가장 크게 좌절하는 순간이고 제일 때려치우게 되는 임계점이라고 보면 된다.

그런데 그 임계점만 넘으면 나에게 주어진 새로운 주제가 '나의 주제'가 되는 순간이 올 수도 있다. 회사에서 할당한 프로젝트와 같이 나의 기존 연구 분야와는 다른 분야로 옮기면 처음부터 다시 시작하기 귀찮고 두려워서 새로운 토픽으로 흥미를 확장하는 걸 꺼리는 경우도 있다. 그래서 더욱이 대학원 때 꼭 훈련해서 체득해야 할 것이 본인에게 맞는 빠른 공부법이다. 내가 지식을 제일 빠르게 습득하는 학습매체의 종류(책, 강의, 실습), 기본서의 흐름을 파악하는 나의 성향, 새롭게 습득한 지식을 응용하는 뇌의 습관 등을 파악하고 있어야 한다. 그래야 회사에서 갓 대학원을 졸업한 신입 사원으로서 듣도 보도 못한 토픽 영역에 나의 기술을 접목할 때 너무 오래 길을 헤매지 않을 수 있다.

그러니 부디 임계점이 왔다고 때려치우지 말고 조금의 애정을 가지고 내 앞에 떨어진 새로운 주제를 자세히 파악해보는 신규 졸업자 직원이 되길 바란다. 대학원에서 갑자기 교수님이 주신 새로운 연구 주제가 너무 나랑 안 맞고 이게 어디로 뻗어나갈지 모르겠거든 '이런 게 내가 회사 가면 겪게 될 일인가?' 하고 생각해보자. 그러는 동안에 내가 얼마나 그런 순간이 좋은지 싫은지 느낀 바를 차곡차곡 데이터로 쌓다 보면 내가 회사에서 비슷한 순간이 왔을 때 잘 대응할 수 있을 것이다.

11

왜 공기업 혹은 사기업에서
박사를 뽑을까

　이 이야기에 앞서 먼저 설명을 하자면 나는 대학 입학부터 10년 6개월간 학교에 있었다. 글을 쓰는 시점에서 4년간 유엔 산하의 공공기관에 속해서 일했으며 나머지 6년간은 사기업에서 일했다. 그중 1.5년은 투잡으로 눈코 뜰 새 없이 바쁘게 지냈다. 인생 3회 차쯤 되는 기분이 들 때도 있었다. 다르다면 다를 수 있고 비슷하다면 비슷할 수 있는 두 영역에서 박사학위 소지자로 일해본 경험이 있다. 공기업과 사기업에서 박사로 고용되는 의미의 차이를 기술해보고자 한다.

문제해결과 기술적 병목 현상 해소를 바란다

우선 사기업의 정의와 스펙트럼은 매우 다양하다. 어디까지나 이 장에서 말하는 '사기업의 경험'은 디자인, 개발, 전략 분석, 배포 등에 한하는 IT 기업에 관한 '고찰'이라고 말해두고 싶다. 그리고 전언하자 면 사기업에서 박사를 뽑는 이유는 다 다를 수 있고 부서마다도 다를 수 있다.

사기업에서는 사실 박사든 석사든 학위에 그리 연연하지는 않는 다. 보통의 잡 디스크립션job description을 읽어보아도 석사 이상을 요 구할 뿐 정확히 박사학위를 요구하는 경우는 매우 드물 뿐더러 요즘 은 특히 포용성의 측면에서 '박사학위 이상'이라고 적는 것을 더욱이 꺼려 하는 분위기도 있다. 그럼에도 불구하고 블라인드 채용을 진행 한 경우 종국엔 박사학위 소지자가 채용되는 시나리오는 보통 두 가 지 이유 때문이다. 첫째로 짧은 시간 안에 문제를 얼마나 깔끔하게 확 장성 있게 해결하느냐(빠른 문제해결력), 둘째로 현재 기술적으로 막혀 있는 어떤 문제를 얼마나 시원하게 해결하며 진행할 수 있느냐(기술적 병목 현상의 해소)이다.

빠른 문제해결력

내가 일한 분야는 매일 사용하는 통계학 모델들의 의미를 이해하고 적용이 가능한 데이터를 분별하고 모델의 디테일까지 신경 쓰면서 짧은 시간에 문제를 해결할 정도가 되려면 대학원에서 긴 시간 동안 충분히 그런 모델들을 다룬 경험이 있어야 했다. 즉 2년 이상의 시간 동안 여러 데이터를 접해보고 해결해봤어야 한다. 그렇기에 사기업에서 석사 이상의 학위를 요구한다는 것은 특정 분야의 지식domain knowledge보다는 문제해결력에 더 초점을 맞춘 일을 하게 된다는 의미이다.

졸업 시즌이 되면 전공과 관계없이 석사나 박사학위 소지자만 데리고 가는 빅네임 컨설팅 회사들이 교내에서 엄청나게 선전하며 예비 졸업자들에게 물밑 작업을 하는 것도 그런 이유이다. 재미있는 것은 그런 채용설명회에 설명하러 오는 사람들은 보통 해당 학교의 박사학위 졸업자들인데 자신의 대학원 생활이 얼마나 끔찍했으며 지금 본인의 생활이 얼마나 윤택하고 즐거운지에 초점을 맞추어서 말한다.

나도 지금은 그런 경력의 궤적을 그리고 있다. 이런 경우 몇 년이 지나면 본인이 고용된 회사의 스타일대로 문제해결력을 키운 다른 입사 동기들과 큰 차이를 기대하기 어렵다. 입사 후에 쉬지 않고 본인이 일하는 분야의 신기술들을 계속 습득하고 차별화하는 노력이 필요하다. 긴 업무를 끝내고 퇴근 후에 혹은 주말에도 논문도 읽고 강의도 찾아 듣고 기본서들도 몇 권쯤 완독해야 한다는 이야기다.

기술적 병목 현상의 해소

다른 예로 회사에서 특정 부문의 문제해결이 필요해서 박사학위 소지자를 고용하는 경우가 있다. 이런 경우는 사실 대다수가 회사의 프로젝트 병목 현상의 원인을 잘 알고 있는 기술 경영진이 직접 포지션을 만들고 학교나 연계된 연구소에서 인력을 충원하는 것이다. 그런 포지션이기 때문에 회사에 들어오면 박사 때 하던 연구와 비슷한 업무를 하면서 월급을 받게 된다고 느낄 수 있다. 이런 경우 연구계획서를 쓰지 않아도 (회사에 따라 다르겠지만) 억 단위의 연구 예산을 쉽게 집행할 수 있다. 본인의 연구가 큰 자본이 필요한 토픽이라면 이러한 경력의 궤적도 추천할 만하다.

다만, 이런 경우 회사에서는 몇 년이 지나면 그 회사 내에서 해당 분야의 전문성은 더욱 높아지지만 업무 확장성이 떨어져서 다른 곳으로 이직을 하기가 쉽지 않을 수 있다. 만약 회사에서 본인의 입지가 좁다면 종국에는 회사의 전반전인 연구 업무에 배정될 수도 있다. 운이 나쁜 경우 해당 프로젝트가 윗선의 결정으로 사업성이 없다고 판단돼 사장되기도 한다. 따라서 처음 생각한 것과는 전혀 다른 업무를 맡게 될 확률이 있다는 걸 기억해야 한다. 입지가 좁아지지 않기 위해서는 계속 회사 내부나 외부에서 인정받는 기술력이 있어야 한다. 논문을 계속 쓴다거나 특허를 낸다거나 하는 노력이 필요하다.

정책 제언을 해주길 바란다

공기업(혹은 더 좁게 말하자면 국제기구)에서 박사학위 소지자로 일한다는 것은 직접 진행하거나 용역받은 연구를 디자인하고 관리해 작성한 결과물을 토대로 근거에 기반한 정책을 제언하는 업무를 맡게 된다는 의미이다. 입사한 처음부터 이 모든 과정을 한꺼번에 다 맡는 것은 아닐 것이다. 아마도 프로젝트의 다양한 순간에 투입돼 순서대로 위의 업무를 담당할 수도 있고 다른 여러 개의 프로젝트에 할당돼 각기 다른 단계의 프로젝트를 진행하게 될 수도 있다.

비단 연구를 진행하는 것뿐 아니라 정무적 센스와 작문력에 더해 (외국어 구사 능력과는 별개인) 정치적이고 정무적으로 잘 다듬어진 화법을 구사할 수 있는 능력이 필요하다. 시작하는 단계에서는 내가 일하는 기구의 업무를 완전히 파악하기 어렵고, 나를 고용한 기구도 나의 강점을 자세히 알기 어렵다. 그러다 보니 여러 가지 테스트 과제들이 던져질 수 있고 그런 인고의 맛보기 시간이 지나 n년쯤 후에는 어떤 토픽에 관한 업무가 나에게로 쏠리는 현상을 느낄 것이다.

윗사람들이 경험과 관료 능력에 기반해서 제시하는 연구 주제들을 잘 받아서 발전시키고 실현 가능한 정책들을 제언할 수 있도록 하는 능력이 필요하다. 읽어야 할 보고서나 관련 자료의 양이 매우 방대한 경우가 많다. 학교처럼 정제된 정보만 들어오는 것이 아니라 아직 개발 중이거나 개발하다가 중단된 중간 보고서들도 많다. 본인의 연구 전문성에 더해 짧은 시간에 보고서들의 핵심과 쟁점을 파악해서 종합해내는 능력이 매우 중요하다. 이런 긴 호흡으로 진행되는 다이내믹한 연구의 흐름을 즐기는 사람이라면 공기업에서 박사로서의 업무가 잘 맞을 것이다.

나는 대학원에서 정책 제언 업무를 연구와 연결해보고 싶었다. 그래서 논문의 마지막 챕터에 나의 연구와 관련된 결과물이 가질 사회적 영향력에 관해 기술했고 그 기준에 기반해서 선정된 국가의 정책들을 리뷰했다. 물론 서툰 정책 리뷰였다. 하지만 완전 전문 분야가 아니었기에 빠르게 정책 제언의 기본 골격을 배울 수 있었다. 그런 시도가 국제기구에서 업무를 맡았을 때 많은 도움이 됐다.

나는 사기업이든 공기업이든 어디서든 무언가를 구축해가는 일을 하면서 세상이 아직은 완전한 곳이 아니라 지금 우리 세대가 만들어가는 곳이라는 자각을 했다. 국가의 정책도, 우리 손에 들고 있는 모바일 기기 속의 각종 앱도 완전한 게 아니라 과거의 어느 시점에 나와 같은 누군가가 여러 명과 머리 맞대어 만들어낸 결과물이라는 점이다.

이런 건 학생 때는 몰랐던 것이다. 아마도 내가 사회학이나 기타 경제학에 관한 수업을 게을리 들어서 그럴 수도 있다. 하지만 내게 법령과 정책과 세상은 이미 내가 태어나기 전부터 이런 모양으로 만들어져서 바뀌지 않을 것으로 생각했던 것들이다. 학생의 삶을 마치고 보니 이런 것들은 사기업이든 공기업이든 그곳에 고용됐던 누군가의 노력과 열정으로 일구어져 여러 번의 수정을 통해 지금의 모양으로 만들어진 결과물이라는 걸 알게 됐다.

박사학위 연구로 세상에 아주 작은 정도나마 새로운 지식을 안겨주고 나면 학자의 의무를 다하게 되는 것으로 생각할 수도 있으나 그게 아니다. 다시 말해 정량적 연구를 하는 연구자 출신으로서 대학원 밖에서는 오로지 '측정'의 업무만 담당하게 되는 것일 뿐이라고 생각했다. 그런데 그게 아니라 아직도 이 사회의 발전에 공헌할 여러 길이 열려 있었다. 그렇기에 사기업이든 공기업이든 박사로 고용된다는 것은 아직 비어 있는 사회의 어떤 한 부분을 채울 기회를 부여받게 되는 것이다. 나의 노력과 조직의 방향성에 따라 그 빈틈을 채워 다음 세대에게 넘겨주는 일이라는 것을 기억했으면 한다.

롱디 중인 박사 커플들에 관해

　어떤 문제들은 도대체 어떻게 풀어야 할지 모르겠다가도 그 문제를 구체화하고 이름[*]을 붙여놓았다는 걸 알게 되면 의외로 쉽게 해결되기도 한다. 바로 투 바디 프라블럼이다. 참고로 물리학에서 말하는 투 바디 프라블럼과는 이름만 같고 전혀 다른 거다. 요즘 말로 롱디 혹은 장거리 관계**LDR, long distance relationship**라고도 한다. 쉽게 말해 교제 중인 두 사람이 쉽게 만날 수 있는 지역이 아니라 멀리 떨어져 있거나 시차가 다른 곳에 떨어져 있는 경우이다. 당신만의 문제는 아니고 고학력 커플일 경우 더욱이 대책 없이 문제의 복잡도가 높아지는 것이 특징이다. 고학력 연구원을 고용하는 많은 기관은 이미 이런 문제를 잘 인식하고 있고 대안책들도 많이 만들어두었다. 혹시 더 읽고 싶다

---

* https://en.wikipedia.org/wiki/Two-body_problem_(career)

면 위키피디아 링크에서부터 시작한다면 실타래를 풀어갈 수 있을 것이다.

장거리 관계 이슈는 대학원 기간 중 어느 순간에라도 존재할 수 있다. 예를 들면 내가 대학원을 다닐 때 주변 커플 친구들의 경우 대학원 초기에는 100%가 장거리 관계들이었다. 즉 커플의 한쪽은 해외 대학원에 진학하고 다른 한쪽은 본국이나 다른 나라에서 대학원 재학 중에 있거나 준비하는 중이기도 하다. 또 다른 경우는 어느 곳에선가 직장생활을 하고 있거나 한 경우이다. 슬프게도 그러다가 점점 대학원 고학년 차가 되면 커플이었던 사람들이 솔로가 되거나 학교에서 짝을 찾는 경우가 많다. 같은 대학원에서 커플이 되면 서로 의지도 되고 연구에만 몰두한 대학원생들은 잘 알기 어려운 졸업에 필요한 학교 행정에 관한 지식도 서로 퍼즐 조각 맞추듯이 이어 붙여서 졸업에 도움을 주며 살아가게 된다. 대학원 전 시절을 장거리 관계로 보낸 친구 중에는 의외로 데이트에 필요한 시간을 줄일 수 있다고 더 좋아하는 경우도 있었다.

문제가 아주 조금 더 복잡해지는 경우는 커플 둘 다 박사과정이거나 박사학위를 가지고 취직 활동 중에 있는 경우이다. 각자가 원하는 연구 주제를 계속 연구하면서 일반적인 교통수단으로 통근 가능한 거리에서 두 사람을 함께 고용할 수 있는 곳을 찾기가 정말 어렵기 때문이다. 어떤 통계를 보면 대학원에서 교수직을 맡는 사람들의 경우 70퍼센트가 현재 장거리 관계이거나 과거에 그랬던 경우라고 한다. 실제로 내 주변에도 대학원 때 만나서 함께 공부하며 졸업하고 결혼하고도 언제 끝날지 모르는 장거리 관계의 시간을 보내는 친구들이 많다. 그 사이 각기 다른 학교에 임용돼 조교수에서 정교수가 되고 아이를 낳고 여전히 열 몇 시간을 날아와서 며칠 잠깐 보고 눈물의 이별을 하는 경우도 있다. 커플 중 한 명이 약간의 희생을 감수하여 같은 지역으로 이사하는 경우도 많이 보았다.

희생을 감수한다고 해도 장거리 관계가 해피엔딩으로 끝나는 건 아니다. 새로 이사한 곳에서 '너 때문에 내 커리어를 포기했다. 그런데 내 인생 이게 뭐냐.' 하는 레퍼토리로 주야장천 싸우다 결별하고 이혼하는 커플도 보았다. 몇 년을 비행기 마일리지 쌓으며 지내다가 포기하고 무직인 상태로 장거리 관계를 청산했는데 갑자기 생각지도 못한 오퍼가 와서 행복하게 지내는 경우도 보았다. 혹은 저돌적인 전략으로 둘이 함께 같은 곳에서 커리어를 가꿀 수 있도록 몇 년간 애쓰다가 드디어 성사되기 직전에 커플이 깨져버려서 바라던 직장에도 안 들어가고 계획을 수정하는 경우도 보았다.

이 모든 시간이 독이라고 볼 수는 없다. 나 역시 그런 시간을 보내면서 내가 진정 원하는 커리어가 어떤 것인지, 내가 커리어의 어떤 요소를 원하는지, 무엇과 교환이 가능한지 등 인생 전반에 대한 꽤 치열한 고민을 했다.

세상엔 많은 장거리 관계 커플들을 위한 전략과 예측들이 있지만 그 시간을 지나와 본 한 사람으로 가장 확실하고 현명한 방법은 오늘 하루 함께 있는 시간에 행복하고 만족하고 감사하게 보내는 것 같다. 그 많은 좋은 기억과 추억이 쌓여서 조금은 더 기약 없이 길어질지도 모르는 장거리 커플들의 나날을 버티게 해줄 수 있으니 말이다.

2. 데이터 사이언티스트
지원자들이 알아두면 좋을 것들

대학원을 다니는 도중이나 대학원을 끝낼 무렵에 있다면, 그리고 졸업 후의 진로로 만약 정량적 관찰력을 발전시키는 걸 꿈꾸고 있다면 데이터 사이언티스트data scientist를 선택해보는 건 어떨지 물어보고 싶다. 지금의 데이터 사이언티스트는 르네상스 시절로 따지면 여러 아름다운 것들을 보고 그것의 정수를 뽑아 길이 남을 명작을 만들어낸 화가와 같이 복잡한 숫자들을 가지고 미려한 그래프 혹은 통찰을 유도하는 일과 같다고 보면 된다. 혹은 그 옛날 명필가와 같이 자신의 철학과 이론을 가지고 언뜻 보면 아무 의미 없어 보이는 숫자들 더미에서 의미를 찾아내고 그것들을 가지고 의사결정권자들에게 정제되고 곱씹을 만한 정보의 형태로 제공하는 일과 같다. 이 길이 어떤 길인지 잘 모르고 시작했던 사람으로 대학원생 때 이런 걸 알았더라면 어떤 툴을 대학원 때 다루어보면 좋을지 알 수 있었을 텐데 하는 아쉬움이 있었기에 공유하고자 한다.

대학원 졸업 후 진로로 시작 직급entry level의 데이터 사이언티스트를 꿈꾸는 이들에게는 사실 어떤 경험이라도 해보라고 추천하고 싶다. 본인이 관심 있게 지켜보는 분야나 기술력이 집결된 부문의 일부터 시작하는 게 그래도 좀 더 수월할 것이고 다른 역경이 있더라도 흥미를 지속하며 일을 배워서 시니어 레벨까지는 올라갈 수 있을 것이다. 하지만 그다음 레벨을 노리는 졸업을 앞둔 박사과정의 학생들이나 포닥들은 다음과 같은 내용을 미리 알고 있었으면 한다.

2010년대 후반의 경우 통계 및 정량적 연구 전공자들이 데이터 사이언티스트의 길을 가게 됐다. 그때 그 길을 걷기 시작한 사람들이라면 아마 지금쯤 시니어 혹은 리드 레벨의 끝에 있거나 그다음 레벨을 생각하고 있을 것이다. 다음의 내용은 그런 경력의 궤적을 지나온 사람으로서 겪은 시행착오 끝에 얻은 통찰이라고 생각하면 좋겠다.

여기서 말하는 엔트리entry, 시니어senior, 리드lead 레벨의 정의는 회사마다 다른데 대략 한국으로 본다면 엔트리 레벨은 연구원, 시니어 레벨은 선임연구원, 시니어 밴드의 중후반이나 리드 레벨은 책임연구원 정도로 생각하면 된다. 그 이후의 경로는 다양한데 기술 매니저technical manager가 되거나(업무에서 코딩보다 미팅의 비중이 압도적으로 높아지며 관리하는 팀원들이 늘어난다) 그게 아니면 수석principal이 된다. 한국 모 기업의 경우로 본다면 책임연구원 마지막 밴드나 수석연구원이 이에 해당한다. 드문 경우로 젊은 인력이 채용되기도 하지만 말 그대로 드물고 보통 해당 커리어 분야에서 10+α년 정도 몸담은 사람들이 고려의 대상이 된다. 팡FAANG 회사들에서는 특히 더 보기가 힘들다. 회사에서 이런 수석 엔지니어principal engineer는 전설 속에만 사는 유니콘이라고 농담하기도 하며 중역들이 아침마다 안부인사를 하러 간다고 할 정도로 보기 힘든 직급이다.

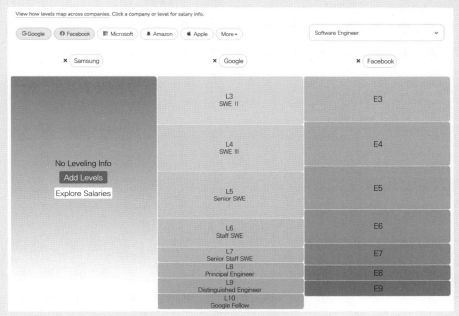

✕ Samsung	✕ Google	✕ Facebook
	L3 SWE II	E3
	L4 SWE III	E4
No Leveling Info **Add Levels** Explore Salaries	L5 Senior SWE	E5
	L6 Staff SWE	E6
	L7 Senior Staff SWE	E7
	L8 Principal Engineer	E8
	L9 Distinguished Engineer	E9
	L10 Google Fellow	

(출처: level.fyi)*

위 그림에서 볼 수 있듯이 회사마다 칭하는 명칭이 달라서 일대일 비교는 어렵다. 채용 면접 때 물어봐도 대략적인 포지션 밴드의 범위를 알려줄 뿐이고 정확한 레벨은 인터뷰가 다 끝나고 처우 등을 협의하면서 폭을 좁혀나가는 경우가 대다수이다. 그리고 보통 수석 엔지니어의 경우 팀마다 있는 경우는 드물고 팀 2~3개를 합친 그룹에 한 명 정도 있다.

그래서 정말 중요한 요소가 채용 절차 시작 전에 채용공고문을 잘

---

* https://www.levels.fyi/?compare=Samsung,Google,Facebook&track=Software%20Engineer

읽어보는 것이다. 채용공고문은 요약된 업무 개요쯤으로 생각하면 되는데 본인이 잘 알고 있는 회사에 잘 알고 있는 사람의 소개로 입사하는 게 아니라면 길고 긴 채용 절차와 채용 후 90일 정도의 소프트 랜딩을 위해서 잘 숙지하고 있어야 한다.

우선 채용공고문의 경우 회사와 국가를 막론하고 보통 다음의 구조로 적혀 있다.

회사와 팀에 대한 개요

보통 엄청 역동적으로 쓰여 있다. "세상을 바꾸고 싶어?"라든가, "우리와 함께 미지의 바다를 항해하겠니?"라든가, "인류를 위하여!"라든가 하는 살짝 오글거리는 멘트로 시작한다. 그리고 팀에 대해 설명하는데 행간을 잘 읽어야 한다. 보통 정통이고 하드코어한 머신러닝이나 인공지능 쪽인 경우 좀 더 침착한 느낌으로 당신이 최신 머신러닝이나 인공지능 등에 기여하고 있으며 그것이 당신을 가슴 뛰게 하는지 등을 물어본다. 그와 달리 비즈 인사이트라거나 사내 컨설팅 수뇌부라든가 하면서 왠지 회사 내에서 풀리지 않는 문제들을 풀고 팀 간 협업을 통해서 사내 소수정예 컨설팅 브레인이 되는 걸 원하는지 등에 관한 것들을 물어보면 업무 비중 중에 사후분석ad-hoc analysis이 많다는 걸 의미한다. 즉 회사 내부 사정에 관한 지식institutional knowledge을 많이 요구하게 될 것이란 뜻이다.

회사 내부 사정에 관한 지식이라는 것은 엔지니어로 시작하는 사람들에겐 생소한 개념일 수 있다. 즉 망해버린 메타 데이터 딕셔너리를 던져주어도 어디에 무슨 데이터가 있고 누가 관리하며 누구한테 이야기해야 그 데이터를 받아올 수 있는지 등 그 회사 내에서 통용되는 잡다구리한 지식들을 통칭하는 말이다. 회사의 프로젝트 히스토리와 상사들의 취향도 잘 파악해서 어떻게 이야기해야 작전권을 따낼 수 있는지 잘 알고 있는 경우도 해당된다. 이런 스킬은 지식의 취득 과정이 체계화되고 본인 안에서 잘 정립되면 다른 회사에 가서도 써먹을 수 있지만 그게 아니면 그 회사 문을 나오는 순간 내가 가진 업무 능력의 100퍼센트에서 회사 내부 사정에 관한 지식만큼의 지식은 사라지고 남아 있는 실제 기술력에서 시작해야 하는 단점이 있다. 장점이라고 한다면, 그런 지식을 취득하는 데 부단히 외우고 외워야 하는 것들이 많아서 약간 고3으로 돌아간 느낌이 들 수는 있으나 그 회사에 있는 동안에는 고용안정성job security이 좋다. 즉 잘릴 위험이 적어진다.

다만, 그 회사 밖에 나오면 물 뺀 수조 바깥의 물고기 같아질 수가 있다. 같은 회사에 있는 동안에는 날고 기는 일잘러였는데 이직하고 별거 아니게 됐다더라 하는 소리가 들리는 경우 보통 이런 회사 내부 사정에 관한 지식에 목숨 걸었던 사람들이 많다. 그래서 내가 진짜 뼈를 묻어도 될 것 같은 회사에 지원하는 거라면 이런 분류의 채용공고를 눈여겨보는 건 추천할 만하다. 한 1년 고생하고 나면 일할 만하기 때문이다(회사 내부 사정에 관한 지식을 더 효율적으로 학습하는 방법 자체에 대해서도 함께 고민한다면 그거야말로 다른 조직에 가서도 일 빨리 배우고 잘 처리하는 '완생'의 삶을 살 수 있을지도 모른다).

업무 개요

여기서부터 실제 담당하게 될 업무가 기술돼 있다. 하지만 잡 디스크립션이라는 건 대외적으로 공유되는 것이다. 그러다 보니 아주 자세하게 적을 수 없다. 엔트리 레벨이면 좀 어려울 수 있다. 시니어 혹은 리드 직급쯤을 지원한다면 이 업무 개요를 읽으면서 이 잡 디스크립션을 쓴 사람의 업무적, 기술적 깊이도 함께 볼 수 있어야 한다. 정확한 분석법을 비즈니스 니즈별로 맞게 연결해서 요구하는지, 얼마나 정량적 연구의 언어를 잘 사용하는지를 주의 깊게 봐야 한다.

학교와 달리 회사는 끌어주는 시스템이 잘 갖추어져 있거나 평가 시스템이 있는 게 아니라서 내 위에 있는 사수나 매니저가 과연 나보다 기술적으로 더 숙련된 사람이라는 보장이 없다. 이것은 나의 향후 2년, 3년 후의 몸값에 지대한 영향을 미치는 요소이다. 나를 매니징하는 사람이 내가 가져오는 결과물들의 의미를 잘 모른다면 설명하면 되긴 하는데 정신적으로 엄청 기 빨리는 일이다(기술 기업에서 기술력 없는 인간이 나의 상사라는 건 인간성이 훌륭해서 그 자리에 있는 거라기보단 뭐랄까, 건강하지 않은 자아가 강한 인간일 확률이 높다. 따라서 가르치려 들었다간 낭패를 볼 수 있다). 그러는 순간이 나의 기술력이 영글어갈 기회를 앗아가는 것이라는 걸 기억해야 한다.

대략 약간 때려 맞춘 두루뭉술한 업무 개요이면 이런 걸 알아차리기가 좀 어려울 수 있다. 그럴 땐 마지막 평가 항목이 남아 있는 게 바로 필수 혹은 선호요건들이다. 그리고 업무 개요의 일정 부분 이상이 이해관계자stakeholder 혹은 협업하는 팀 관리나 그들과의 협업 등으로 인한 개발 계획 수립 같은 게 있으면 그건 본인이 외향적 성향의 사람이 아닌 다음에야 애초에 걸러버리라고 말하고 싶다.

그건 데이터 사이언티스트를 고용하겠다는 게 아니라 숫자를 잘 다루는 비즈니스 관리자가 필요하다는 이야기이다. 정말 안타까운 경우는 데이터 사이언티스트로 고용해서 밤에는 코딩하고 낮에는 미팅마다 다니며 숫자 모르는 어른들의 호통을 다 들으며 소화해서 그 호통과 엮어낼 수 있는 언어 사이의 간극을 찾아서 길을 만들어가는 수고를 해야 할 수도 있다. 집에 못 가거나 집에 있어도 회사 일을 하는 날들을 보내야 된다는 것이다.

필수 혹은 선호요건들

보통 필수요건에는 학위나 전공 등을 써두는데 이것보다 중요한 게 있다. 바로 요구하는 코딩 언어의 종류이다. 그리고 종류보다도 그 순서에 큰 의미가 있다. 마치 유기농 유자차 한 병을 산다고 할 때 식품에 첨가된 것들의 순서는 가장 많이 들어 있는 재료부터 쓰여 있는 것과 같다(참고로 보통 설탕이다. 유기농 유자가 3번째나 4번째쯤에 나와도 놀라지 말기). 만약 위에서 한참 분석 이야기를 하고선 필수 코딩 스킬로 갑자기 제일 처음에 SQL이 나온다거나 SAS가 나온다거나 하면 분석보다 쿼리query가 많다는 뜻이다.

전천후 업무를 해야 하는 경우 SQL·파이썬 혹은 파이썬·SQL의 식으로 적혀 있다. 혹은 간혹 스파크Spark가 있다. 머신러닝, 인공지능 모델 개발의 측면에서 다가간 사람치고 스파크를 정통으로 배워서 오는 경우는 드물다. 이것 역시 파이썬에 익숙한 엔지니어를 위해 약간 HDFS 환경에서 쿼리를 파이썬 스타일로 할 수 있게 만든 거라고 보면 된다. 그리고 마지막으로 필수 코딩요건에 쿼리 언어가 하나도 없고 파이썬, R 등의 분석용 랭귀지가 더 많이 있다고 한다면 그건 모델 개발 등의 업무가 주력인 포지션이라는 최종 확인 지점이 된다.

대학원생이든 포닥이든 채용공고를 읽을 때는 갑의 위치에서 읽어야 한다. 비록 채용 절차가 시작되고 채용이 된다면 팀과 함께 일하고 팀과 회사를 위해서 일해야 하지만 밀레니얼 세대에게 "너를 갈아 회사를 일으키렴."이라고 말할 때 "예스!"라고 대답할 사람은 많이 없다. 고로 나 혼자 조용히 모니터를 통해 채용공고를 읽게 된다면 '아, 이 더러운 대학원(혹은 회사) 그만두고 어디라도 가야지.' 하는 마음이 아니라 '저 조직은 더 더러울지 몰라.' 하는 마음으로 봐야 한다. 그렇다면 진짜 내가 하고 싶은 일이 적혀 있는 채용공고문인지 자세히 오래 천천히 커피 한 잔 옆에 두고 마시며 읽어보기를 권하고 싶다.

* 저자의 글은 특정 회사의 문화나 현상을 대변하지 않으며 개인적인 의견임을 고시합니다.

대학원생 때 알았더라면 좋았을 것들 2

초판 1쇄 발행 2022년 5월 12일
초판 3쇄 발행 2024년 2월 15일

지은이 김세정 윤은정 유두희
펴낸이 안현주

기획 류재운 **편집** 한진우 송무호 안선영 김재열 **브랜드마케팅** 이승민 **영업** 안현영
디자인 표지 최승협 본문 장덕종

펴낸곳 클라우드나인 **출판등록** 2013년 12월 12일(제2013-101호)
주소 우) 03993 서울시 마포구 월드컵북로 4길 82(동교동) 신흥빌딩 3층
전화 02-332-8939 **팩스** 02-6008-8938
이메일 c9book@naver.com

값 17,000원
ISBN 979-11-91334-67-8 03320